经管文库·管理类
前沿·学术·经典

河南省教师教育课程改革研究项目"基于学科核心素养的　　　　　学大概念
教学策略研究"（NO.2023-JSJYZD-029）
河南省高等学校教学名师工作室项目（教高［2020］434号）

基于中学生物学核心素养的大概念教学策略研究

常云霞 著

经济管理出版社
ECONOMY & MANAGEMENT PUBLISHING HOUSE

图书在版编目（CIP）数据

基于中学生物学核心素养的大概念教学策略研究 /
常云霞著 . -- 北京 : 经济管理出版社 , 2024. 8（2025. 6重印）.
-- ISBN 978-7-5096-9885-3

I. G633.912

中国国家版本馆 CIP 数据核字第 2024T238F0 号

组稿编辑：杨国强
责任编辑：白　毅
责任印制：许　艳
责任校对：蔡晓臻

出版发行：经济管理出版社
　　　　　（北京市海淀区北蜂窝 8 号中雅大厦 A 座 11 层　100038）
网　　　址：www.E-mp.com.cn
电　　　话：（010）51915602
印　　　刷：北京厚诚则铭印刷科技有限公司
经　　　销：新华书店
开　　　本：710 mm × 1000 mm/16
印　　　张：11.25
字　　　数：212 千字
版　　　次：2024 年 8 月第 1 版　　2025 年 6 月第 2 次印刷
书　　　号：978-7-5096-9885-3
定　　　价：98.00 元

前　言

　　周口师范学院张学召老师为本书的编写提供了宝贵意见。本书是对中学生物学核心素养与大概念教学策略关系的全面研究，旨在为中学生物学教师、教育工作者以及课程设计者提供实用的指导和深刻的洞见。通过阅读本书，读者不仅能够深入理解大概念教学的含义，还能学习到如何在实际教学中灵活运用这些策略，从而有效提升学生的学科知识和核心素养。

　　随着《义务教育课程方案和课程标准（2022年版）》的颁布，教育界开始接触一系列新的教学理念和术语。在这些新兴概念中，"大概念"受到广泛关注。本书旨在揭示中学生物学核心素养与大概念教学策略间的内在联系，探讨如何通过创新的大概念教学方法来丰富学生的生物学知识及提高其核心素养能力。在当前信息爆炸和知识更新迅速的时代，教育的核心逐渐从单纯的知识传授转向能力培养，特别是在生物科学教育领域，如何更有效地促进学生的核心素养发展成为教育工作者、教师和研究者共同关注的焦点。

　　第一章深入探讨了大概念教学的重要性及其与传统教学模式的显著差异。这一章不仅回顾了大概念教学的历史发展，还深入分析了其背后的教育理念，为读者提供了全面且深刻的理论框架。

　　第二章聚焦于核心素养在中学生物学教育中的核心地位。在这一章分析了核心素养与学科知识的整合方式，明确了核心素养教育的目标与成果，并探讨了它与大概念教学策略之间的紧密联系。

　　第三章详细阐述了如何在中学生物学核心素养的视角下实施大概念教学。这一章详细描绘了大概念教学的根本属性、逻辑架构和关键工具，并提供了实际的行动策略，旨在帮助教师更好地规划和实施大概念教学路径。

　　第四章和第五章分别从整合性应用和教学方法的角度，深入探索了大概念教学在中学生物学核心素养培养中的作用。两章不仅提出了多种创新的教学方法，还讨论了教育技术在这一过程中的关键作用。

　　第六章和第七章分别聚焦于大概念教学的实践路径和评估方法。这两章为教师提供了具体的教学实践方案和评估工具，旨在帮助教师更有效地实施大概念教学策略，并准确评估学生核心素养的掌握情况。

　　第八章通过对案例具体实施过程的分析，为读者提供了关于如何有效地实施大概念教学的深刻洞见。这一章不仅展示了大概念教学策略的实际应用，还对如何从失败案例中吸取教训进行了深入探讨。

目 录

第一章　大概念教学的理论基础

第一节　大概念教学的重要性

随着《义务教育课程方案和课程标准（2022 年版）》[1] 的颁布，教育界开始接触一系列新的教学理念和术语。在这些新兴概念中，"大概念"受到广泛关注。根据教育领域专家的阐释，大概念被视为一种"精简而核心"的思维模式，它不仅具有整合各类知识的能力，而且与日常生活紧密相关，是知识重构过程中的关键纽带。

一、大概念的定义

在教育学和认知科学领域，大概念[2] 被定义为一种高阶的认知抽象，它是专家级思维的显著特征，体现了专家对其学科领域的理解深度。此类概念的构建不仅依赖于知识的广度或基础性，更重要的是其在知识体系中的核心地位。大概念的作用不仅限于促进学科内部的知识整合，还促进了学科间的知识融合，并与现实世界的实际应用建立了桥梁。在大概念的范畴内，可以区分为两种形态：一是高阶概念，如"生态系统"和"生物圈"；二是关键性概念，如"光合作用""哺乳动物""微生物"。大概念还包括观念（最常见的表现形式）和论题（特别是在人文艺术领域中，这些论题往往没有明确的答案）。大概念的形成是一个动态的认知过程，涉及从具体经验到抽象概念再回到具体应用的循环。这一过程不是简单的记忆或背诵，而需要通过大量具体案例的探索、验证和深化才能实现。因此，大概念的形成和应用跨

① 中华人民共和国教育部.义务教育课程方案 2022 年版［M］.北京：北京师范大学出版社，2022.
② 吕林海.如何理解"大概念"及其教学［J］.江苏教育研究，2023（17）：3-8.

越了从理论到实践的鸿沟，是一种在具体生活实践中得以实现和深化的认知结构。

在学科教育中，"小概念"通常指向那些具体、细节化的知识点，而"大概念"代表着更为广泛和抽象的概念层面。"大概念"在学科结构中占据核心地位，它着重于对各种科学现象、事实及其相互关联的全面和综合性描述，其目标是从更宏观的角度整合零散的科学知识和事实，构建出一个系统化和结构化的学科全貌。这种整合不仅作为理解模型存在，而且为具体的科学事实提供更深层次的含义和解释。与"小概念"相比，"大概念"展现出更强的包容性、整合性和概括性，更能揭示学科的核心本质。从教学的视角来看，"大概念"反映了学科的基本特征，构成了学科知识结构的主干。因此，在教学过程中，"大概念"教学相较于"小概念"教学，更能满足教育的深层需求和育人目标。"大概念"教学的实施更注重于引导学生深入理解学科内容和完整构建知识体系。这种教学方法有效地解决了学生学习中的碎片化和不连贯问题，有助于提高学生的学习效率和质量。同时，"大概念"教学有利于培养学生解决复杂问题的能力，促进学生的实践技能和思维能力的发展。

在教育心理学[①]的领域内，大概念的概念可被类比为人大脑结构[②]中的"主干道路"，其在促进学生向专家级思维模式转变的过程中起着至关重要的作用。生物科学的领域中的研究表明，人类大脑并非简单地类似于一个装满不同格子的宝箱，学习过程更不是将各个知识点填充进这些格子。相反，学习过程更像是构建一个复杂的概念网络的过程。神经科学的研究已经多次证实，大脑遵循"使用依赖性塑造"原则，即神经元的活动越频繁，其连接越强，反之，可能导致连接的减弱或消失。这一原理与习惯形成的过程相似，人们通常认为养成一个习惯需要 21 天。当某个神经元网络被频繁激活时，更容易自动触发，这解释了为什么一旦习惯形成，若不去执行，就会感到不适。这种概念网络还可以比喻为一个动态的城市交通系统，其中包含许多相互交织的道路。在这个系统中，大概念就像是连接各个路线的主干道。

美国教育科学院院士季清华曾经为了揭示专家和新手在思维上的不同，特地进行了一项实验。在实验中，他要求专家和新手使用思维导图，根据"解决问题的相似性"这一标准对大学《物理学导论》[③]课程中的问题进行分类。结果显示，新手倾向于将表面上具有共同特征（如"斜面"）的问题归为一类，专家则将表面上看似不同的问题归为一组，因为解决这些问题需要运用"能量

① 熊应，罗璇，谢园梅.教育心理学［M］.长沙：湖南师范大学出版社，2019.
② 惊人的大脑结构［J］.初中生，2012（Z4）：71.
③ 崔海龙.物理学导论［M］.赤峰：内蒙古科学技术出版社，2000.

守恒"原理[①]。这次实验表明,"能量守恒"这一概念在专家的思维中充当"主干道"的角色,也就是说所谓的"大概念"。所以说,若要培养学生像专家一样的思考方式,关键在于通过多样化的案例来促进大概念的形成。

在此框架下,大概念与个体素养之间的关联性不容忽视。核心素养作为一个多维度的构造,包含着正确的价值观、基本品格及关键能力等要素。然而,深入理解素养的实质,关键在于识别其核心要素——"真实性",这一概念强调了解决现实世界问题的重要性。在探讨大概念与素养之间的关系时,我们可以将素养视为行动的具体体现,而大概念构成了思维过程的基础。正确的思维方式是实现有效行动的先决条件。

以一个具体场景为例:当个体为工作面试准备自我介绍时,其思维过程并不会直接回溯至在学校教育中学习过的"光合作用"或解题方法,如数字列举法或举例论证法,相反,其思考的焦点将集中于如何影响面试官、展示个人优势、是否具体说明专业排名,以及哪些经历能最有效地展现其能力等。这一过程涉及多个大概念,如"语言交流作为一种目的性行为""运用数字增强表达的精确度"以及"通过实例使表达更加具体化"等。在这个过程中,大概念充当了一种认知黏合剂的角色,使个体能够有效地调动所需的知识和技能以解决面临的问题。因此,在核心素养的形成过程中,大概念发挥着核心且不可或缺的作用。

二、大概念教学的含义

大概念教学[②]法以培养学生解决实际问题的能力为核心,强调将教学内容与现实生活紧密联系。这种教学方法认为,现实生活中并不存在孤立的学科界限,而是由一系列具体问题和项目构成。因此,它倡导跨学科的单元设计,从而推动教育和学习过程向跨学科的方向发展。大概念教学法支持学习的螺旋式上升[③],即在不断深入和扩展的学习过程中,学生能够理解更加复杂的概念。这种方法为在小学甚至幼儿园阶段学习复杂知识提供了可能性,并促进孩子们在较低年龄段就开始形成大概念的能力。通过这种方式,大概念教学法不仅增强了学生的学科知识,还培养了他们解决现实世界问题的综合能力。

---

① 傅渥成.能量守恒 [M].杭州:浙江出版集团数字传媒有限公司,2015.
② 李刚.大概念课程与教学从理论到实践 [M].北京:社会科学文献出版社,2022.
③ 陈勤.初中生物概念教学螺旋式上升的有效策略 [J].考试周刊,2012(70):158-159.

三、教育变革趋势与正确应对方式

（一）教育变革趋势 [1][2]

全球教育界普遍倡导"以素养为导向的教学"，这一理念的提出源于时代转型背景下社会对人才需求的变化。在未来社会，人类需要完成那些人工智能无法实现的任务。那么，究竟什么是人工智能无法完成的任务呢？简而言之，这些任务主要涉及"创造性地解决实际问题"。正是基于这一理念，诸如"项目式学习""真实情境"等教学方法成为教育一线工作者所熟知的概念。

在上一轮教学改革中，我们已经取得了显著成效，这些成效主要表现在教学方法和方式的多样化。《义务教育课程方案（2022年版）》中明确提出了"深化教学改革"的要求。而"深化教学改革"的"深"体现在当前教学改革的重点应从"学习方法"的层面转移到"学习目标"的层面。如果教学目标模糊不清或偏离了核心，那么无论采用何种教学方法和方式，其效果都可能是低效甚至无效的 [3]。在这一背景下，大概念的引入成为校准和明确核心素养目标的重要工具。通过对大概念的应用，教育者能够更准确地定位教学目标，从而有效地引导学生达成所需的核心素养目标。

（二）教育变革的正确应对方式

在教学实践中，目标设定往往面临着过高或过低的问题。其中，过低的目标设计主要表现为将素养目标简化为知识或技能的掌握。例如，在光合作用单元中，教学目标仅仅定位于学生能够背下光合反应式。有趣的是，尽管教师经常强调关注"怎么做"，而非"为什么"，但实际上，如果一本书仅介绍各种方法而不涉及其背后的原理，教师往往会感到不满意。这表明教师只有在理解的基础上才能在课堂上灵活运用这些方法。同样，学生只有反思和理解方法背后的原因，才能真正掌握这些技能。因此，可以说"方法是静态的，而大概念是动态的"。

教育实践中的一个问题是将教育素养的目标过度局限于单一课程或特定项目。以《大概念教学：素养导向的单元整体设计》[4] 为例，书中提到了一次教学研讨中的案例分析。其中，一名教师介绍了关于"招聘广告"的课程内容，而校长提出了一个深入的问题："考虑到不是所有学生将来都会涉及编写英文

① 范涌峰.我国基础教育变革的趋势及方法论转向［J］.教育科学研究，2021（6）：18-24.
② 张冉昕.国际基础教育变革趋势研究［J］.智库时代，2019（37）：283-284.
③ 王吉文.指向促进深度学习的单元学习目标及评价设计——以高中生物"基因工程"为例［J］.中学生物学，2022，38（1）：26-29.
④ 刘徽.大概念教学：素养导向的单元整体设计［M］.北京：教育科学出版社，2022.

招聘广告，那么这个课程内容的真正意义和价值是什么？"这是一个典型的大概念式问题。比如，在教授"蜡烛在瓶中燃烧"项目时，教学目的不仅是蜡烛在燃烧时会消耗氧气，更是通过这个项目理解如"用实验来证明猜测的正确与否"这样的学科大概念，或者"明确的任务通常需要综合外部和内部因素的考量"这种跨学科大概念。无论是蜡烛燃烧项目还是其他项目，大概念的理解都是通过不断的案例分析和探索而建立的。随着时间的推移，学生在大脑中逐步形成这些大概念，并最终体现为核心的教育素养。

关于目标设定过高的问题，在教学实践中表现为教师直接将核心素养[1]或学科核心素养[2]作为教学目标。例如，"培养学生的团队协作能力"或"提升学生的语言表达能力"。如果这些目标缺乏具体化的实施过程，可能会导致对教育素养目标的理解变得模糊。以"团队协作能力"为例[3]，一些教师可能误以为只要开展合作学习活动，就能培养学生的团队协作能力。但实际上，合作学习分为不同阶段，如项目式学习中的"设计"和"执行"阶段。在设计阶段，团队协作的大概念可以理解为"团队中每个成员可能有不同观点，目的是融合这些观点以产生更好的集体效果"。相应的素养目标是"学会尊重并整合团队成员的不同观点，以达成共识"。而在执行阶段，团队协作的大概念是"利用每个成员的专长，通过合理分工提高效率和成果的质量"。相应的素养目标是"学会分配和协调任务，确保团队高效运作"。因此，一旦大概念被具体化，素养目标就变得更加清晰和可行。如果教师能够深入理解这些大概念，那么在教学实践中，他们可以在设计阶段引导学生进行有效的集体思考，在执行阶段促进合理的分工和协作。这种教学方法不仅提高了教学的针对性，而且更有助于学生素养的实际培养。

四、大概念教学的误区

在运用大概念重构单元教学的过程中，教育者常常会遇到几种典型的误解。

（一）大概念是靠记忆的

大概念靠记忆是一个常见的误区。大概念的本质在于目标层面的理解，而非简单的记忆。例如，对于"语言交流是一种有对象的目的性行为"这一大概念，教师应通过提供多样化的案例，激发学生结合自身生活经验进行深入理解，而不是仅仅记住这一概念。

---

① 鲍东明，顾明远，鲍东明.21世纪核心素养与课程教学改革［M］.大连：辽宁师范大学出版社，2021.
② 胡建红.初中生生物核心素养的培养策略探索［J］.考试周刊，2023（49）：125–128.
③ 马颖颖，赵之浩.二期课改背景下中学生合作素养的培养（自主–合作卷）［M］.上海：上海社会科学院出版社，2012.

（二）只有个别学科存在大概念

大概念仅限于某些学科也是常见的误区。一些教师可能认为，大概念只适用于生物、科学或数学等学科，而不适用于语文、美术等。这种观点忽视了大概念的广泛适用性。实际上，大概念不仅包括概念，还包括观念和论题等，所以是适用于所有学科领域的。

（三）大概念教学会影响学生成绩

大概念教学会影响成绩，这是许多教师，尤其是中学阶段的教师，对于开展大概念教学的主要顾虑。他们担心教授大概念会牺牲学生的考试成绩。然而，这种担忧忽略了深度理解和长期记忆的重要性。如果学生仅仅是机械记忆而非真正理解，那么知识点将会变得孤立且表面化。相反，如果学生能够真正理解大概念，他们的学习将呈现出"滚雪球"效应，不仅记忆更为牢固，而且对未来具有更大的价值。

国家高度重视教育评价改革，这一改革必将朝着"为核心素养而考"的方向发展。因此，发扬"为核心素养而教"的理念已经迫在眉睫[1]，教育者需要及时调整教学策略，以适应这一变化。教师在实施大概念教学时，应避免上述误区，正确理解和运用大概念，以促进学生的深度学习和真正的素养培养。

第二节　大概念教学与传统教学的比较

一、教学机理上的不同

生物学大概念教学的核心思想在于将学科的中心概念，即"大概念"，作为核心内容的整合焦点，通过提炼和整合，将分散的生物学科知识构建成一个有机的、连贯的体系。这样做的目的是构建起生物学知识和思维方式的网络化认知结构，为学生提供全面、系统的认知框架。大概念教学的主要优势是引导学生超越单纯的知识和技能学习，进入到一种超越时间和空间限制的、可转移的观念和思维模式中，从而帮助学生深入理解生物学的本质和学习方法。

传统的教学方法[2]，首先，对教学内容进行分析，识别出其中的知识点和每个知识点所包含的关键知识要素。其次，以这些知识点及其组成要素为基础，

---

① 季浏 . 为核心素养而教［J］. 中国学校体育，2022（6）：6-10.
② 于路 . "传统教学方法"之辨析［J］. 大众文艺，2021（1）：163-164.

展开教学设计。这种基于知识点的、逐一教授的方式称为知识点教学。最后，通过对这些知识点的不断积累，学生可以获得一个较为完整的生物学认知体系。

二、教学目标的不同

大概念教学和传统教学最大的差别在于目标的不同[①]。大概念教学的目标指向的是单元教学目标，体现单元教学的整体性和系统性，回答如何根据单元的内容和地位，为学生对生物学知识、思想和方法的掌握形成网状结构认知，提供一个统筹兼顾、整体规划的场域，达成的是如何让学生"形成专家思维"，从而学生能够"像专家那样思考"。"专家思维"有两大特点：一是专家的头脑中知识是靠"大概念"组织起来的，反映了专家对学科的理解深度；二是专家的头脑中的知识结构具有很强的"关联性"，能够根据知识间的关系以及知识与现象、与情境的关联程度，把知识有序地"安放"在结构框架中，进而能够根据任务需求，能够熟练调用相关的知识。不仅杜威和布鲁纳强调"专家思维[②]"的重要性，加德纳也认为"只有理解学科思考世界的独特方式，未来才有可能像科学家、数学家、艺术家、历史学家一样去创造性地思维与行动"。当然，大概念教学的目标还需要按照一定的逻辑，从而有序地落实在课堂教学中。

传统教学的目标一般指课时目标，它回答的是通过怎样的路径、方法、方式在一节课中让学生掌握相关的知识与技能。与由大概念教学目标细化而来的课时目标相比，直指课时目标的做法会割裂生物学知识间的联系与学习过程的连续性。并且这些知识与技能是被挑选和浓缩后编入教材的，具有"专家般"的准确性与权威性，虽然学生不用过多地思考就可以达到快速掌握大量"专家结论"的目的，但会造成学生学习的形式化、浅表化、碎片化也是不争的事实[③]。美国社会学家兰德尔·柯林斯明确指出"在工业时代，大部分工作对人的要求并不高，可以到岗位上现学现用，从而掩盖了'学校教授专家结论的教育'是低效乃至无效这一事实[④]"。

三、问题设计的不同

尽管大概念教学与传统教学都强调以问题驱动学习进程，但两者在问题设计上的理念不同。大概念教学中的问题与大概念的目标相配套，一般与真实世界相关，并且答案具有开放性，指向于理解专家思维方式，因此具有很大的"挑战性"。神经科学研究发现，"挑战性"的问题能够加速大脑中"网状激活

①④ 吕增锋.数学大概念教学与传统教学的区别［J］.中小学教师培训，2022（3）：35-37.
② 郑青岳.从大概念角度看专家思维的特点［J］.中学物理（初中版），2020（11）：2-4.
③ 娜仁高娃.基于大概念理念高中生物课堂教学评价体系的研究［D］.辽宁师范大学硕士学位论文，2022.

系统"的运行，让大脑分泌更多的"多巴胺"[1]，让学生持续保持高度兴奋的学习状态。在这种状态下，不仅问题解决的进程得到加速，而且会有更多的奇思妙想从学生头脑中涌现出来，促使学生提出新的问题，而新的问题又会驱使学生进一步的探索。于是，知识就在"解决问题—提出问题—解决问题—……"的循环驱动下高效地进行主动建构[2]。

传统教学的问题针对的是教材中的特定内容，答案是唯一或者教师预设好的，目的是引导学生发现"专家结论"。

四、教师角色上的不同

在传统教学模式中，教师作为知识传递者的角色已不再适应大概念教学的需求[3]。在大概念教学中，教师的角色需要进行深刻的转变。他们不仅需要对所教授的内容有深入的理解，还需要清楚为何要教授这些内容。教师的职责不止于教授知识，更在于了解学生，知道如何通过专业的教学设计来丰富学生的学习体验，并引导他们达到深层次的理解。教师还应成为终身学习的典范，通过自身的持续进步而激励学生。

为了有效地实现这些目标，教师必须从单纯的知识传递者转变为教育和教学的研究者，成为该领域的专家。只有当教师自己成为专家，他们才能更有效地向学生展示专家思维的实质，并为学生提供专家思维的范例[4]。这种转变是大概念教学成功实施的关键，它不仅能提高教学的质量，还能更好地满足学生的学习需求，促进他们的全面发展。

第三节 大概念教学的历史发展

目前，国内对于大概念教学的研究还处在初期阶段，特别是对于一线教师而言，对大概念的含义和形式的理解仍然较为模糊。在实际课堂教学中，围绕大概念的教学活动常常面临形式胜于内容的问题，即教师可能过分注重大概念

① 齐向宇.多巴胺［J］.人力资源，2021（12）：1.
② 雷阳.高中生物学生命观念的情境教学实践研究［D］.四川师范大学硕士学位论文，2022.
③ 程翠萍.浅析传统教学的未来［J］.国网技术学院学报，2018（1）：67-69.
④ 刘徽.大概念教学：让学生像科学家一样思考——读《以大概念理念进行科学教育》［J］.现代教学，2019（21）：77-79.

教学的外在形式，而未能深入挖掘和传递大概念所蕴含的深层次意义及价值。这种现象可能源于对大概念教学理念的不充分理解，或是缺乏有效的教学策略和方法来实现大概念教学的目标。因此，加强对一线教师的大概念教学培训和指导，以及开展更多实证研究来探索有效的大概念教学方法，对于提升大概念教学的实际效果具有重要意义。

一、国内大概念研究的描述性分析

在中国知网北大中文核心和 CSSCI 数据库两个平台上，以 2000~2020 年作为时间跨度，搜索主题词"大概念或大观念"，可以检索出 197 篇核心文献，再从其中选出最有代表性的 61 篇进行研究。

对入选的 61 篇文献进行年份—发文量的可视化分析，最终所得年发文量趋势图，如图 1–1 所示（横坐标 1—21 分别代表 2000~2020 年）。

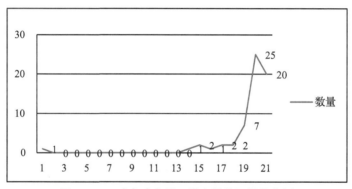

图 1–1　二十年来年份—发文量的可视化分析

在收集到的文献资料中，对大概念教学的探索最初出现在李俊的论文《科学课程内容的研制》[①] 中。该文从课程综合性的视角出发，将"主题"和"大概念"作为科学课程开发的核心要素提出，但没有对大概念的具体定义、范围以及其与主题之间的联系进行详细阐述。通过分析趋势图和其特征的变化，可以观察到大概念在国内教育领域的发展经历了三个不同的阶段。这一发展过程反映了大概念教学理念在国内逐渐得到认识、接受并深入发展的轨迹。

2000~2012 年，中国的大概念教学研究进入了孕育期，这是第一个阶段。这段时间，尽管国际上关于大概念教学的理论和实践发展迅速，涌现出大量的研究成果，但国内尚未看到有关大概念教学的核心论文发表。这一阶段主要是

① 李俊. 科学课程内容的研制 [J]. 课程・教材・教法，2000（1）：9–13.

国内学术界开始引入、消化和吸收国外的相关研究。在这个过程中，通过译著等方式对国外理论进行传播，对国内大概念教学的引进和发展起到了关键作用。例如，H. 林恩·埃里克森的《概念为本的课程与教学》(兰英翻译，2003年7月中国轻工业出版社出版)和温·哈伦的《科学教育的原则和大概念》(2011年7月科学普及出版社出版)等作品[1][2]，对国内在这一领域的认识和发展产生了重要影响。这些作品的引入为国内的大概念教学研究奠定了基础，为后续的发展阶段铺垫了道路。

第二个阶段是2013~2017年的萌芽期，每年大约发表两篇高质量的核心论文。这一时期的研究主要由高校学者领衔，实际课堂应用相对较少。值得注意的是，温·哈伦的译著对国内大概念研究产生了显著推动作用。相关重要的研究成果，如郭玉英的《整合与发展——科学课程中概念体系的建构及其学习进阶》[3]和毕华林的《化学基本观念：内涵分析与教学建构》[4]，为后续研究提供了宝贵参考。

第三个阶段，即2018~2020年，标志着大概念教学在国内快速发展。这一时期，与大概念教学相关的核心论文数量明显增加，一线教师在课堂中应用大概念的频率开始上升。特别是格兰特·威金斯和杰伊·麦克泰格所著的《追求理解的教学设计》[5]的中文出版，以及教育部发布的《普通高中课程方案》[6]中对大概念的明确提及，极大地促进了大概念教学理念的普及和应用。

在这一阶段，杨小平、张翰、宗德柱等一线教师对大概念课堂实践的深入研究，以及李刚、吕立杰等高校研究者在大概念的内涵丰富化以及课程与教学设计优化方面的贡献，共同推动了大概念教学在国内的广泛应用和进一步发展。这些努力使大概念教学不仅在理论上得到了加强，在实际教学中也显示出其有效性和实用价值。

大概念教学的引入旨在解决基础教育阶段学生知识分散、思维表层化等问题，是针对基础教育全领域的教学策略。具体到不同学段的应用，其专门面对小学阶段的应用较少，仅有1篇相关文献，而专门面对初中和专门面对高中阶段的应用较多，分别为5篇和20篇，且在基础教育全学段范围内共有35篇文

---

①[美]H. 林恩·艾里克森(H.Lynn Erickson). 概念为本的课程与教学[M]. 兰英，译. 北京：中国轻工业出版社，2003.
②[英]温·哈伦. 科学教育的原则和大概念[M]. 韦钰，译. 北京：科学普及出版社，2011.
③郭玉英，姚建欣，张静. 整合与发展：科学课程中概念体系的建构及其学习进阶[J]. 课程·教材·教法，2013(2)：44-49.
④毕华林. 化学基本观念：内涵分析与教学建构[J]. 中学化学教与学(人大复印)，2014(7)：11-16.
⑤[美]格兰特·威金斯，杰伊·麦克泰格. 追求理解的教学设计[M]. 闫寒冰，宋雪莲，赖平，译. 上海：华东师范大学出版社，2017.
⑥中华人民共和国教育部. 普通高中课程方案2017年版2020年修订[M]. 北京：人民教育出版社，2020.

献讨论大概念教学。从学科覆盖范围来看，大概念教学涵盖 11 个不同的学科，显示出其在基础教育全学段和各学科层面的普适性和适用性。

在文理科的应用领域中，理科大概念教学的实践数量显著高于文科，特别是在物理、化学、生物、地理以及综合科学等学科（共计 26 篇论文）的应用更为显著。这种趋势与韦钰院士翻译的《科学教育的原则和大概念》以及《以大概念理念进行科学教育》[①] 两部作品密切相关。从各个具体学科的分布来看，科学和 STEM 领域的综合性较高，共有 11 篇相关文献，而在单个学科领域，如思想政治和生物学，分别有 9 篇和 8 篇相关研究，如表 1-1 所示。这表明，大概念作为一种组织和整合知识的框架，不仅能够跨学科地整合知识，还能在单一学科内进行知识的深度统一整合和优化。

表 1-1　61 篇研究文献在单一学科领域的分布　　　　单位：篇

年份	2000	2013	2014	2015	2016	2017	2018	2019	2020	学科总计
语文	0	0	0	0	0	0	0	2	2	4
数学	0	0	0	0	0	0	0	0	1	1
外语	0	0	0	0	0	0	0	0	1	1
物理	0	0	0	0	1	0	1	1	1	4
化学	0	0	1	0	0	0	0	3	1	5
生物	0	0	0	0	0	0	1	6	1	8
科学	1	1	1	0	1	0	0	4	1	9
思政	0	0	0	0	0	0	1	6	2	9
历史	0	0	0	0	0	0	0	0	0	0
地理	0	0	0	0	0	0	0	0	1	1
美术	0	0	0	0	0	1	1	0	0	2
音乐	0	0	0	0	0	0	0	0	0	0
信息	0	0	0	0	0	0	0	0	Q	0
STEM	0	0	0	0	0	0	0	1	1	2
大教育	0	0	0	1	0	1	3	2	8	15
总计	1	1	2	1	2	2	7	25	20	61

①［英］温·哈伦.以大概念理念进行科学教育［M］.韦钰，译.北京：科学普及出版社，2016.

二、大概念的理论内涵、外延表征与教学实践的研究发展

通过对 61 篇核心学术论文的系统梳理与深度解读，可以发现国内研究者在大概念领域的研究工作主要遵循国际研究脉络，并在此基础上做出了本土化的拓展和深化。在理论探索层面，学者们着重于挖掘和解析大概念的本质内涵及其教育价值，以及对大概念的内在结构和不同类型进行深入剖析。而在实践应用领域，则聚焦于如何将大概念理念融入课程设计与教学实践中，探讨基于大概念的教学策略和课程架构。在推进大概念研究的本土化进程时，理论研究与实践经验二者互为依托、相辅相成，共同推动了大概念理论体系的丰富完善及具体实施模式的发展创新。这一过程不仅体现了我国学者对于国际先进教育理念的吸收转化能力，也彰显了学者们结合国情实际进行教育教学改革的积极探索精神。通过理论与实践的紧密结合，我国的大概念研究成果不断积累，逐步形成了具有中国特色的大概念教学理论与实践范式。

（一）大概念的理论内涵发展

关于国内大概念的理论发展，我们可以看到学者们对于"大概念是什么"给出了不同的见解。盛慧晓将大概念视为超越基本概念的"概念之概念"，认为它能在学科内部或跨学科中组织知识[1]。李松林认为，大概念处于更高的层次，蕴含了方法论、认识论和价值论的价值，具有广泛的迁移潜力[2]。刘徽强调，大概念作为理解的"锚点"，既连接学科内的知识，也与真实世界有所联系。吕立杰认为，大概念是一种基于认知结构化思想的课程设计方式，是核心概念理解后的推论性表达[3]。

虽然对大概念的理解各有侧重，但学者们对其四大特性的共识是一致的：

第一，大概念具有中心性，超越具体事实和经验，是思维概括和抽象的产物，将分散的知识整合起来，使学科知识不再是一系列零散的概念。

第二，大概念具有持久性，能够适应环境变化，并在动态实践中扩充自身的内涵。

第三，大概念具有思维性，是事实、经验和一般概念基础上的概括、抽象与推理的结果。

第四，大概念具有可迁移性，旨在培养学生像专家一样组织知识、形成专家思维。

---

① 盛慧晓.大观念与基于大观念的课程建构［J］.当代教育科学，2015（18）：27-31.
② 祝钱.国内"大概念"教学的历程检视和实践展望——基于 2000～2020 年间 61 篇核心论文的研究［J］.上海教育科研，2021（6）：18-23.
③ 吕立杰.大概念课程设计的内涵与实施［J］.高等学校文科学术文摘，2021（1）：79-80.

因此，大概念可以被定义为"一种高度概括的知识形态，具备整合事实和经验的能力，同时作为一种多样态的认知结构，具有中心性、持久性、思维性和广泛的迁移性。"

（二）大概念的外延表征发展

在教学实践过程中，教师们时常提出一个核心问题："当前我们的教学内容中，哪些部分能够归类为大概念范畴？"这一议题的重要性不言而喻，因为它直接决定了教师能否精准地界定大概念，并据此设计出目标明确的教学任务、构建具有启发性的问题情境以及规划高效的教学流程。鉴于此，深入探究大概念的类别特征、表现形态及其识别策略，成为一项必不可少的工作。目前，国内学者通常从知识元素和认知逻辑两个维度分类大概念。从知识元素角度，根据安德森的知识分类，大概念被分为事实、概念、程序和元认知知识。此分类逻辑下，大概念也可采用类似的划分。而从认知逻辑角度看，随着思维的成熟，逐渐形成了更高抽象度、更本质的思维产物，如一般概念、学科课时内大概念、学科单元内大概念、学科单元间大概念、跨学科大概念、学科思想和哲学观念。

若要探究具体分类，一些学者的研究可为代表。例如，郭玉英（2013）区分了共通概念和核心概念，前者关注跨学科内容组织，后者专注于单一学科内知识的结构。李春艳将跨学科大概念如系统、能量等区别于学科内大概念[1]。李刚（2022）从事实、具体概念、核心概念等角度进行分类，而吕立杰则将大概念划分为学科核心概念、跨学科概念等。李松林的分类体系更是结合了课程和知识两个维度，构建了立体的分类结构。[2]

大概念作为知识固着点、认知核心和素养发展的多重身份，造就了其分类的多样性。基于此，在借鉴了众多研究者的思想后，并结合基础教育中三维目标分类法，即知识与技能、过程与方法、情感态度与价值观，本书构建了一个综合的"大概念"结构和分类系统。

该系统通过横向的知识要素和纵向的认知逻辑，展示了大概念的多维性和动态性。大概念的源头和表现形式在此体系中得到直观展现，表明大概念不仅是理论概念，也是具体论题或观念。此外，这一结构突出了大概念的相对性和层次性，揭示了其在不同层面的互相转换和演化能力，及其在教学中的实用性。例如，在人教版《七年级上册》的第二章"生物体的结构层次"的单元复习课中，教师可以利用此系统从不同方面确定单元内的大概念，如"知识技

① 李春艳 . 中学地理"大概念"下的单元教学设计［J］. 课程·教材·教法，2020，40（9）：96-101.
② 李松林 . 走向整合的深度学习［N］. 中国教师报，2020-01-22（04）.

能——生物体的结构层次"，进而有效指导教学活动。

（三）大概念的教学实践发展

大概念教学在中国的发展与实施，紧密结合了理论和实践两个方面。这种教学方法的核心在于将大概念融入教学实践中，以恢复其本质价值。中国知网的主题词分析显示，与大概念教学最相关的是"学习进阶"和"单元设计"。这一发现揭示了大概念在教学中的重要性：它不仅作为教学组织的关键形式，还是实现各学习内容横向联系的平台，同时是思维进阶的载体，关键在于推动大概念的形成和发展。

目前，国内大概念教学的实践主要表现在三个层面。分别是宏观层面、中观层面和微观层面。所谓宏观层面，受到威金斯和麦克泰格"逆向教学设计"理念的影响，教学设计遵循"目标—评价—过程"的逻辑路径[①]。这种设计强调以学习目标为导向，注重学生对评价标准的理解，并将教学过程视为学生思维发展的手段。在中观层面，大概念的统摄性使单元成为组织教学的重要形式，这种教学模式强调知识内容的整合和学科概念体系的构建。在微观层面，大概念的形成遵循从具体到抽象的逻辑演进，因此，教学过程中的"进阶"成为单元教学发展的基本特征。这一过程包括知识关联和认知发展两条线索，强调理解的形成和学生思维的发展。

大概念教学是一种结合了逆向设计原则、单元教学模式以及知识关联和认知发展进阶为主线的教学实践过程。它不仅关注目标的确立和评价标准的制定，还涵盖基于学生思维发展的课程单元设计和教学过程的安排。通过这种方法，大概念教学旨在促进学生深层次的理解和思维能力的发展，为实现更高效和具有针对性的教学提供了坚实的理论和实践基础。

三、反思和展望

为了有效实施大概念教学，需在学校层面构建健全的课程保障机制，支持教师转变观念，并将学科教学与真实世界实践相结合，从而提升教学的整体效果。单元教学作为大概念教学的核心组织形式，需要学校层面的全面支持。例如，某校通过重新安排课时，设立专门的"大概念整理"课，使教师有更多时间指导学生对知识进行系统整合，进而构建学科内的大概念。这种做法不仅释放了教师的创新潜能，也促进了学生对知识的深入理解。因此，学校需要通过顶层设计和资源整合，确保大概念教学的顺利实施。教师的观念转变对于大概

---

① 魏小玲.小学古诗教学实现深度学习的教学策略——基于威金斯和麦克泰的高阶认识理论［J］.福建教育，2021
（9）：43-44.

念教学的成功至关重要。大概念教学并不意味着完全抛弃现有教学模式，而是在现有基础上进行融合式改革。通过专家的指导，教师可以将大概念教学理念融入传统的教学模式中，如主题式教学和科学史教学等，实现教学方法的渐进式升级。将学科教学与实际生活相结合是大概念教学的一个关键点。这不仅是让学生的学习活动跳出课堂，而是将其置于真实的问题情境中，通过教师的有效引导，让学生积极参与到问题的讨论、分析和解决过程中。这样的教学方法能够更好地整合知识和技能，培养学生的综合素养，并促进他们对知识本质的深入理解。

大概念教学的实施需要学校、教师和课程内容的协同合作，通过在教学过程中注入创新的方法和理念，促进学生的全面发展。

第四节　大概念教学的教育理念

大概念教学的核心目的是培养学生在复杂和不确定的现代世界中应对挑战的能力。这种教育模式强调的不仅是事实知识的传递，而是更注重在真实情境中解决问题的能力和知识的迁移应用。在信息泛滥的时代，这种教学理念显得尤为重要，它帮助学生构建起全面的世界理解，而不仅仅是记忆碎片化的知识。

一、实现学生深度学习作为出发点

实现学生深度学习是教育转型的核心[1]。认知科学领域的研究表明，儿童在深层次的知识学习中，能更牢固地记忆材料，并有效地概括和迁移知识。21世纪以来，教育变得更加重要，需提供更强大的学习体验，帮助学生批判性思考与解决问题。深度学习方法源自弗伦斯·马顿和罗杰·萨尔乔的研究，他们区分了学生的两种学习方式：理解文本的深度学习和死记硬背的浅层学习。深度学习着重于理解学习内容，与现实社会和具体环境中的应用相结合，而浅层学习更多集中在通过考试。

研究发现，如苏格兰、加拿大和澳大利亚等国的学生大多采用浅层学习[2]。随着知识的指数级增长，若学生仍采取传统线性学习策略，导致学生难

---

① 徐洁. 以大概念理念教学促进学生深度学习 [J]. 江西教育, 2022 (34): 4.
② 吴湘芸. 从浅层学习到深度学习 [J]. 数学学习与研究, 2016 (1): 152.

以建立完整学科视野。因此，需要以大概念教学为依托，从浅层学习转向深度学习。深度学习课堂能提供挑战性的学术内容，促进学生将知识与经验相结合，为在信息社会中的工作和终身学习做好准备。

学习知识水平的不同可比喻为航海：浅层学习像是轻帆船快速掠过水面，而深度学习需要深水区的经验丰富船长和完善的导航系统。在传统学校中，教学往往集中于表面化、浅层的知识，忽视了深层次知识背后的理解或意义。例如，美国国家研究委员会对美国教育系统采用的"一英里宽，一英寸深"的教学方法表示担忧 ①。深厚知识的发展需要注重学科基本结构和理解与意义，元知识（Meta-knowledge）② 是深厚知识的关键类型，代表理解、创造、吸收、利用、塑造和应用各种信息和知识的能力 ③。

发展深度学习的关键维度包括个性化学习 ④、学习与现实情境的关联、创造性、协作性学习。个性化学习强调学生的先验知识与文化经验，创造认知和社会情感领域的学习环境。情境化学习强调将学生的知识和经验与新内容建立联系，促进学生建构知识和情意。而创造性、协作性学习发生在实践共同体中，通过互动获得反馈，建立支持性和生成性的课堂关系。教师应构建学习者共同体，促进知识与经验的交流和分享。

在深度学习的发展中，个性化学习成为一种关键的教育方法。这要求教师根据学生的先验知识和文化背景，设计相应的课程和活动。个性化学习不只关注学生在家庭和学校获得的知识，而更加注重如何规划和执行教学策略，以促进学生在思考、推理和社交情感技能方面的提升，满足学生的多样化需求。

深度学习的一个重要方面是将学习与现实情境相结合。通过情境化学习，教师在课堂上创造出一个探究、应用、迁移知识的环境，使学生能够将已有的知识与新学的内容相联系。这种学习方式鼓励学生聚焦问题，寻找证据，并进行批判性地思考和反思，使他们成为知识的建构者和使用者。

实践共同体中的创造性和协作性学习是深度学习的关键方面。学生在这种环境下，通过与人、问题、想法和工具的交互作用，获得对自己行为和想法的反馈。这样的学习环境促进了学生从个体学习转向小组协作，通过对话、交流和分享，共同构建和验证知识。教师的任务是创建一个支持性和生成性的学习环境，促进学生之间以及学生与教师之间的有效沟通和知识共享。

---

① 闻凌晨.美国法治课程的四种取向——如何破解"一英里宽，一英寸深"？[J].中国德育，2017（22）：45-49.

② Tong, Xuejun, and, He, Zhijun.Using Meta-Knowledge to Check Knowledge Consistency and Speed up Dynamic Rule Matching［J］.计算机学报，1988（1-12）：212-371.

③ 李凯，吴刚平.为素养而教：大概念教学理论指向与教学意蕴［J］.比较教育研究，2022（4）：62-71.

④ 王军文.初中生个性化学习支持系统建设［J］.江苏教育研究，2022（C2）：28-32.

为适应 21 世纪的社会需求，教育应注重培养学生的批判性思维、问题解决能力和创新思维。这不仅涉及学术知识的掌握，还包括社会情感技能的发展，以使学生能在不断变化的世界中有效地适应和成功。深度学习的目标是为学生的终身学习做好准备。这意味着教育不只是传授知识，更重要的是培养学生的自我学习和自我成长能力。要鼓励学生对自己的学习进行有意义的反思，为他们将来在工作和生活中灵活运用所学知识及技能奠定基础。

深度学习不仅关注知识的深层掌握，还强调将学习与实际情境相结合，以及创造性和协作性学习的重要性，其目的是培养能够适应 21 世纪挑战的学生，使他们成为有效的学习者和知识的建构者，为终身学习和未来的成功奠定坚实基础。

二、追求强有力的知识作为关键目标

追求强有力的知识是大概念教学的关键目标之一。在快速变化且复杂的情境下，避免信息超载并保持"头脑清醒"是至关重要的。知识的类型包括事实知识、概念知识、程序性知识和元认知知识，教师在教学中应兼顾这些类型，并考虑学段间的有效衔接，以帮助学生建立强有力的知识结构。

英国学者麦克·扬对强有力的知识概念非常支持[1]，强调学校为学生提供超越经验的知识，使他们能思考不可想象的内容。这种知识被认为是人类最好的、最有价值的知识。它不仅仅是专业知识，而是与认知、道德或美学相关的高级知识。与日常生活中的知识、碎片化的孤立知识不同，强有力的知识是大概念的一部分，可作为制定课程框架的核心观念，具有广泛价值，适用于多个年级层次。

强有力的知识与惰性知识形成对比，前者是活跃的，后者是已习得但在实践中难以应用的知识。惰性知识的产生可能是因为教学过程中缺乏结构化，或学生只是机械地记忆知识而缺乏深刻理解。大概念作为活跃的知识，与社会或个人需求相关，帮助学生形成学科的组织结构。以大概念为导向的学习可以实现连续性，帮助学生深入理解学科和元认知，发现知识间的联系，解释和分析与个人、社会密切相关的问题，为未来学习做好准备。强有力的知识还意味着专家知识。专家的知识是网格化的、有联系的，能够有效地提取，而非仅是事实和公式的罗列。专家不仅获得知识，还能灵活地提取与具体任务和情境相关的知识，具有适应性的专门知识和监控问题解决方式的元认知能力。面对新问题时，专家的知识是动态的，能够根据情境生成和创造新知识。

---

① 刘夏，蔡勇强.麦克·扬课程知识思想：国外研究述评［J］.扬州大学学报（高教研究版），2021（4）：46-51.

强有力的知识是教育追求的关键目标，它涉及超越日常经验的深层认知和理解，以及与特定学科和情境紧密相关的专业性知识。通过强有力的知识，学生能像专家一样思考，有效地应对复杂多变的现代社会。

三、促进有效的理解与迁移作为关键指向

促进有效的理解与迁移是现代教育的关键指向。传统教学方法中，学生常常被要求对大量主题和内容进行表层学习及记忆，这种"一英里宽，一英寸深"的课程结构不利于学生能力的发展，尤其在理解与迁移能力的培育方面。这种教学模式下，学生往往无法将所学知识和技能应用于新环境或新问题。

理解力的培养是未来学生发展的关键。大概念教学的重要性在于，它能促进学生成为强有力的思考者和问题解决者。学生的理解应包括对事物的意义和因果关系的全面把握。此外，理解、解释和迁移应用间存在有机的联系。认知科学的研究揭示了专家与新手之间在概念掌握上的差异，专家能够看到新手难以察觉的信息背后的模式和关系。因此，教师的任务是确保学生不仅理解内容、事实和概念，而且知道如何灵活运用这些知识解决重大问题。

学生解决问题的能力取决于他们在新情境中的知识迁移能力。现代迁移理论将迁移视为学习者在新问题情境中动态创造联想的过程。学习者在解决问题时可以进行水平迁移和垂直迁移。水平迁移涉及激活预先创建的知识结构，而垂直迁移涉及识别情境的特征，并在原地构建一个心理模型。垂直迁移对于理解新信息和处理现实世界的问题至关重要，这类似于创新过程。

学术和现实世界中的迁移能力是创新的基础。研究人员大卫·帕金斯和葛瑞尔·所罗门区分了低通路迁移[1]和高通路迁移[2]。低通路迁移发生在新旧任务相似的情境中，而高通路迁移发生在任务差异较大的情境中。高通路迁移更具挑战性，涉及学习者将在某一情境中获得的抽象知识应用到全新的情境中。

在教育研究中，知识迁移的核心挑战包括但不限于知识的内在结构化（知识表征）、类比与推理机制、归纳总结能力、认知过程的可视化以及概念性框架的构建。在传统的教学方法中，学生可能熟练掌握了某些具体事实信息，但却未能触及这些知识的本质内涵，从而导致他们在面对新的问题情境时难以灵活运用所学内容。大概念教学的核心目标在于将孤立的事实性知识转化为能够广泛迁移和灵活应用的概念性理解，使得学习过程更具有实质性与可视化特征。以大概念为指导的课程设计，不仅注重学生的事实性知识积累，更加重视

---

① 赵慧臣，何媛．美国大卫·帕金斯的元课程理论解读［J］．教育情报参考，2009（11）：36.
② 滕衍平．高通路迁移：学习任务群中语文实践活动的重要特质［J］．语文教学通讯，2023（43）：15-17.

培养他们对概念深层意义的理解。这种理解方式尤为强调批判性思维的培育，正如孙兴华和华若晗指出的那样，批判性思维是通过深度探究而得以发展的关键能力[1]。

在当今信息爆炸的时代背景下，学习者必须具备快速精准地获取信息、区分信息价值、筛选有效知识及组织信息的能力。鉴于知识更新速度的加快，学习者需要超越单纯记忆事实的层面，追求对学科内容的深入洞察，发展出坚实的概念性思维、批判性思维和创新性思维，从而提升解决复杂问题的技能。此外，通过不断运用演绎逻辑和归纳逻辑，学习者持续深化对这些核心大概念的认识与理解。

促进有效的理解与迁移是现代教育的核心目标，这要求教育不仅传授事实知识，还要培养学生的概念理解、批判性思维和创新能力，从而使他们能够在不断变化的世界中有效地应用和迁移所学知识。

四、促进核心素养大概念教学的意蕴

在当今教育领域，大概念教学的实施标志着对人类学习理解的一次重大变革，影响了所有学科的教育模式。这种教学方法旨在解决课程内容饱和和信息超载的问题，同时培养学生的高阶思维能力和终身学习能力。它从传统的知识本位教学转向更为重视学生核心素养的发展，涉及教学理念、学习环境、学习方式，甚至评价体系的全面更新。

核心素养的发展强调在真实情境中解决问题的重要性。大概念教学特别强调学习环境的真实性，以促使学生有效运用知识和技能来解决现实世界中的问题。与传统的脱离实际情境的教学相比，这种方法更注重将学科知识与现实世界相联系，让学生在真实的学习活动中发展高级思维，并应用所学知识。例如，生物教育中的大概念教学帮助学生超越教科书中静态的知识，理解生物与环境、健康、水资源和能源等全球性问题的联系。学生不再仅仅是被动记忆孤立的事实和理论，而是培养成为具备科学素养的未来科学家、工程师和有见识的公民。

大概念教学的主要优势在于促进学习者在情境、概念、思想和信息之间建立联系，提升他们的批判性和创造性思维能力。这种教学方式鼓励学生识别、标记、分类和联系现象，构建起适用于新情境的思想体系，从而更好地解决问题。同时，它具有强大的整合机制，促进教与学、教师与学生之间的紧密联系。采用大概念作为课程内容构建的基础框架，教育体系能够从宏观整体至微

---

[1] 孙兴华，华若晗．批判性思维的内涵［J］．课程教材教学研究（教育研究版），2023（C2）：68.

观细节全面统摄各学科领域。通过运用大概念方法，教学内容得到了情境化与结构化的整合，使得学生能够将不同学科领域的概念和原理相互关联，并借此更有效地搭建起自身知识体系的基石。这种跨学科的学习策略有力地促进了各学科间概念与原理的深层次联结，帮助学生深刻认识到课堂所学内容的价值及其价值产生的内在逻辑，从而实现对知识意义的有效理解和把握。

大概念教学作为一种情境导向的教学策略，旨在帮助学生深入理解学科内部以及跨学科的概念、原理与模型，在此过程中培养他们对学科整体结构和全面视角的认识。这种教学方法突破了传统单一学科或特定领域学习的局限性，有力地推动了不同学科知识之间的融会贯通。在大概念的框架下，教师与学生能够更有效地发掘学科知识与现实世界之间的联系，进而探寻各学科作为独立研究领域所固有的内在一致性与综合性。

在传统的课堂设置中，教师通常会忽略对学生在学科学习中的基本理解能力的培养，而集中于教授具体的事实、概念和技巧。这种方法面对大量的新知识，往往使学生感到困惑，导致他们依赖机械记忆，从而获得的知识是零散和碎片化的。相反，大概念教学为教师指引了一条新路线，即引导学生以科学的方式构建知识，达到深刻理解。大概念教学通过精心设计的课程和教学方法，为学生提供了丰富而有意义的学习体验。

大概念教学的推行强调了深层次学科理解的重要性。这种教学方式不仅促进了学生的多元化学习，而且帮助他们将孤立的事实串联起来，使他们能够在新的情境中有效地运用所学的知识。例如，在生物学学习中，大概念教学并非简单地围绕一系列的生物事实和术语，而通过构建诸如进化、遗传、生态系统这样的基础概念，深化学生的理解。在生物学或人文地理学方面，大概念教学有助于学生理解细胞在生命科学中的重要性，或是人口统计学在全球人口分布与增长中的作用。

大概念教学还注重促进学生的反思。生物学的大概念是该学科的核心，代表了对生物学本质的深刻理解。这种教学不仅帮助学生聚焦于课程、教学和评估中的核心概念和原则，而且强调了像专家一样的思考方式。大概念教学的核心在于将学科内部的知识与跨学科的知识进行融合，从而协助学生在真实的情境中综合和跨学科地应用所学知识解决实际问题，实现深入的理解。在传统教学模式下，学生通常被引导着为了应试而学习。但在21世纪，学习的重点逐渐转向了核心素养、大概念及思维方式，而不仅仅是简单的事实记忆。例如，可持续性、变化、因果关系、相互依赖和系统性等大概念，这些概念不仅跨学科，而且具有深刻的现实意义。国际上许多课程框架采纳了这种跨学科的大概念来构建教学内容，被认为是应对知识不断发展和变化的有效策略。同时，大概念教学强调高阶思维的重要性。它与传统的学科知识逻辑不同，不再把知识划分为孤立的领域，而是重构教学、学习和评价过程，以促进学生核心素养的发展。通过这种方式，大概念教学不仅丰富了学生的认知结构，也提高了他们解决复杂问题的能力。

大概念教学使学生能够主动重组知识，发展自主思维，并获得 21 世纪所需的关键能力和品格。这种以大概念为中心的学习是一个深思熟虑、引人入胜的过程，赋予了学生更多的自主性来应用知识和形成高阶思维。

进一步地，大概念教学着眼于整体育人的教学整合，强调以学生为中心，注重五育融合，全面发展学生的知识、技能及情感、态度、价值观。它超越了传统教学的育人模式，将知识应用于解决现实生活中的问题和议题，帮助学生实现知识与现实生活的关联。大概念教学还致力于形成连贯的整体学科思想，整合化地处理碎片化的知识，打破传统知识体系的界限。这种横向的特征使学生的学习能够自然地串联起来，无论是在不同的学习阶段还是跨学科之间。大概念教学强调整合性思维，有目的地将来自多个学科的知识、观点和方法结合在一起，形成对中心思想、问题、人物或事件的更全面理解。这种教学模式不仅有助于学科知识的整合，还使课程内容更加有意义，提高了学习的严谨性和相关性。

大概念教学是一种系统性的工作，不是短期内就能实现的变革。然而，如果能够抓住大概念教学的关键特点，那么实现从传统教学到以学生为中心的教学范式的转变①是完全可能的。这种教学方式不仅提供了更丰富和深刻的学习体验，而且为学生在现代社会中有效运用知识和技能打下了坚实基础。

---

① 刘茜，张良.论人的可能性的教学范式转变［J］.江苏教育研究，2010（22）：21—23.

第二章 中学生物学核心素养概述

第一节 核心素养在中学生物学教育中的重要性

近年来，"核心素养"一词在国际教育领域受到广泛关注。世界各主要发达国家和地区纷纷建立了各自的核心素养框架，从多角度解读了核心素养的概念。本章通过分析不同框架下对核心素养的定义、特性、内容及其重要性的探讨，旨在深入解析核心素养的概念与本质。这一分析将有助于我们更精确地理解核心素养究竟包含什么，为对核心素养的进一步研究提供坚实的理论基础。

一、核心素养的内涵 [1]

关注核心素养的发展趋势，反映了当前教育改革中人才素质标准的重新审视与调整。中国在核心素养研究领域仍处于初探阶段，综合分析国际上的核心素养研究成果对于构建适合本土的核心素养定义至关重要。自卡莫委员会提出五项"关键能力"后，澳大利亚在核心素养的深度研究方面取得了突破，包括对其内涵、构成、评估标准等的探索。梅耶委员会强调关键能力是个人在学习、工作和生活中必需的综合能力，涵盖了知识和技能的整合与应用。该委员会还定义了七项主要的核心素养分支，涉及信息处理、交流、活动规划与组织、团队合作、数学运用、问题解决以及技术应用等方面。

21世纪初，经济合作与发展组织的"素养的界定与遴选：理论和概念基础"项目 [2] 为构建本土化核心素养体系提供了关键指导。DeSeCo项目明确指出，核心素养是跨领域、促进成功生活和社会健康的关键素养 [3]。该项目通过跨学

① 汤英.初中生物核心素养的培养策略 [J].河南教育（基础教育版），2022（12）：79.
② 黄志军.经合组织和欧盟对人才规格的期待：政策文本分析的视角 [J].湖北教育（教育教学），2017（2）：5–7.
③ 张娜.DeSeCo项目关于核心素养的研究及启示 [J].教育科学研究，2013（10）：39–45.

科研究，确定了"工具使用的互动性"、"异质社群间的互动能力"和"自律自主行动能力"三个核心领域。

欧洲联盟将核心素养定义为一系列可迁移、多功能的知识、技能和态度，这些素养对个人的成就、自我发展、社会融入和工作胜任力至关重要[①]。欧盟强调，这些素养应在义务教育阶段培养，并作为终身教育的基础[②]。在此基础上，欧盟提出了终身学习的八项核心素养，包括母语交流、外语交流、数学与科学技术素养、数字化素养、学习能力、公民社会素养、积极主动意识与创业精神、文化意识与表达等。

分析国际上对核心素养的研究成果，我们可以发现，在对核心素养的思想基础、价值取向和具体内容方面存在普遍共识。核心素养的定义可从三个维度进行解析：

第一维度是核心素养培育的思想基础，即"人的全面发展"。这一概念强调教育应使学生具备必要的基本素养和能力，塑造成全面发展的人才。人的全面发展在当代意味着提升个体的综合素质和创新能力，与核心素养的理念相一致。核心素养代表知识、技能和态度的综合体，超越了任一单一学科的知识技能限制，具有非情境化特征，适用于不同学习领域和情境。此外，各国的核心素养体系多依照经济合作与发展组织的分类框架，涉及人与工具、人与自身、人与社会的互动，显示出其综合性。在这一维度中，创新素养的培养是全面发展理论的核心组成部分。

第二维度涉及核心素养的价值取向，即满足个人发展和社会发展的双重需求。从个人角度来看，核心素养应支持人们实现生活目标，激发追求个人兴趣和终身学习的动力，有助于达成个人的"优质生活"和成功。从社会层面来看，核心素养有助于个体建立公民身份，积极融入社会，应对社会文化环境中的挑战，促进社会的稳定与发展。因此，核心素养不仅关注"成功的个人生活"，也助力于构建一个功能完善的社会，实现"优质社会"的愿景。

第三维度是核心素养的内容，包括知识、能力和态度等多方面。它的内涵超越了单纯"知识"的范畴，不局限于特定学科，而强调个体积极主动地获取知识和技能的能力。其含义比"能力"更为广泛，不仅包括传统教育领域的知识和能力，还涵盖学生的情感、态度、价值观等。核心素养是知识、技能和态度的综合体，以三维整合的形式展现，具有强烈的综合性和实践性。例如，国际上重视的语言交流、信息处理、问题解决、社会合作、创新意识等素养，都

① 黄志军.经合组织和欧盟对人才规格的期待：政策文本分析的视角［J］.湖北教育（教育教学），2017（2）：5-7.
② 常珊珊，李家清.课程改革深化背景下的核心素养体系构建［J］.福建教育（小学版）（A版），2015（10）：6.

是学生在获取知识、习得能力和发展情感后的综合产物。

二、核心素养的特点

尽管各国和地区在构建核心素养框架时根据自身教育实践有所差异，但筛选出的核心素养共同展现出一些关键特征[①]，主要包括普遍性、系统性、生长性和统整性四大方面。

（一）普遍性

核心素养的普遍性在于，它是在各种学习领域和不同情境中不可或缺的基本要求。这一特点区别于一般的"素养"，后者是在个体与特定情境的有效互动中形成的，并且因情境的不同而有所差异。相比之下，核心素养并非仅适用于特定情境或特定人群的特殊素养，而是普适于所有情境和所有人的通用素养。核心素养强调跨学科的普遍性，不仅局限于某一学科的知识，而着重于个体积极主动地获取知识和技能的过程。在知识爆炸的时代背景下，个人不可能掌握所有知识，因此核心素养强调学习的能力，以适应科技快速发展的需求，包括语言信息技能、态度技能、动作技能、智慧技能和认知技能等，以及掌握适合自己的科学学习方法，从而培养主动学习、终身学习、全面发展和持续发展的能力。

（二）系统性

核心素养具有系统性，其各个指标因素之间互相补充、相互促进。从纵向看，素养的形成涵盖从生理、心理到文化和思想四个不同以及纵向发展的层面，其中每个层面都为后续层面提供基础。例如，自我认知素养涉及对自我身心特征、优缺点、心理活动的认识，以及清晰理解自身在集体和社会中的地位与作用，并据此作出合理的自评。自我认知素养与反思能力的培养和发展是相互促进、相辅相成的，这反映了核心素养之间的系统性。核心素养的系统性体现了素养之间的内在联系和相互作用，使得各种素养能够在个体发展过程中相互支撑，共同促进个体的全面成长。

（三）生长性

核心素养的生长性体现在其可教可学且不断发展的特点。学生获取核心素养的过程是循序渐进、不断深化的。这种素养能够通过外部刺激，如有计划的教育过程，得到培育和发展。举例来说，沟通交流能力是许多国家核心素养体系中的一个组成部分，它具有明显的生长性。学生在进入学校前就已经具备了一定的表达能力基础，通过学校课程和活动的系统性训练，他们可以习得更加

---

① 胡建红. 初中生生物核心素养的培养策略探索［J］. 考试周刊, 2023（49）：125-128.

规范化、系统化的表达方式和沟通技巧，从而建立起适用于学校和家庭环境的交流沟通能力体系。当学生步入社会后，他们的社交网络扩大，原先适用于学校和家庭的沟通方式可能显得不足，但在实践中，个人的沟通方式和技巧将变得更加丰富和完善，逐步形成更为熟练、多元和完整的沟通能力体系。尽管核心素养是动态发展的，但依据相关理论，我们可以开发工具对其进行测评。例如，学生对社会责任感这一核心素养的理解会随着生活经验的增加和知识结构的完善而逐渐成熟。年幼的学生可能只意识到对家庭的责任，而随着理解的深入，他们能够对社会责任有更全面的认识，明白自己在与他人（包括家庭）、集体、社会、自然等方面的职责、任务和使命。

（四）统整性

核心素养是知识、能力、态度、价值观和情绪的综合体。它不仅限于特定学科知识，而是强调个体能够积极主动获取知识和技能的方式。核心素养包括传统教育领域的知识和能力，同时涵盖了学生的情感、态度和价值观。它超越了单纯的知识与能力的二元对立观念，是相关知识、认知技能、态度、价值观和情绪的集合。这一概念包括稳定的个性特质、学习结果（如知识和技能）、信念价值系统、习惯和其他心理特征，强调了态度因素的重要性，突出了人的反思思考、行动与学习的重要性。核心素养的目标不仅是满足基本的生活需求，更在于帮助个体追求生活目标、促进个人发展，以及有效地参与社会活动。

三、核心素养的价值

核心素养的价值定位[1]在现代社会中显得尤为重要，主要体现在以下几个方面：

（一）适应社会诉求与技术发展

在快速变化的社会和科技环境中，教育的目标是培养能够推动科技创新和社会进步的人才。社会发展和进步的需求不断促进教育的变革。教育决策必须符合社会的需求，反映时代对人才培养的要求。现代社会特点是文化多元共生、科技高度发展、重视交流与合作，因此，核心素养体系中涉及的外语交流、符号运用与沟通表达、文化认同与国际化观念、团队合作与工作能力等，都是对知识经济时代发展趋势的响应，展现了科技进步对人才素质的新要求。

---

[1] 杨惠雯. 观照核心素养的人本价值：基于布鲁纳两种思维模式的反思与启示 [J] . 全球教育展望，2023（8）：30–44.

（二）关注终身学习和全面发展

在知识更新迅速的现代社会，终身学习的能力成为个人不被时代淘汰的关键。终身学习强调学习者根据个人需求、能力和具体情况自主选择学习内容和方式，自我导向地进行学习，强调了学习的持续性、多样性和自主性。人的全面发展，在当代意义上指提升个人的综合素质和创新能力，这与核心素养的理念一致。国际组织和各国在选择核心素养时，并不仅仅局限于某一学科的知识和技能，而是涵盖学生全面发展所需的知识、技能、态度和价值观等方面。例如，各国核心素养体系的指标通常依据经济合作与发展组织的架构划分，涵盖了人与工具、人与自身、人与社会的互动，从分类框架上体现了其综合性，对学生的全面发展大有裨益。

（三）促进自我认同和自主行动

核心素养在促进个人自我认同和自主行动方面发挥着重要作用。自我认同指帮助学生建立明确的自我概念，理解并接纳自己，明确个人的优势和不足，从而能够有效利用自己的优势并规避劣势，确定自己的发展方向。在这个过程中，学生学习到如何认识自己、发掘自己的潜能、进行反思、培养诚实善良等品质，这些都是自我认同的重要组成部分。另外，确定发展方向后能够自主行动同样重要。在这个层面上，核心素养的功能性表现为帮助学生解决问题。在知识不断增长的时代，掌握学习的方法、增强实践能力、发扬创新精神变得尤为重要。主动探索、解决问题、系统思维、规则执行与创新应变等素养都在发挥作用，帮助学生积极应对挑战。

（四）重视生活品质与生存质量

核心素养是适应现代及未来社会发展需求的基石，其稳固性决定了个体生活的高度和质量。核心素养的培养对个人终身发展具有重要的奠基作用，与个人的生活品质和生存质量密切相关。核心素养不仅满足个人在社会中立足和发展的基本能力需求，还涵盖个人品质、文化素养和精神境界，影响着个人与社会、自然的相处方式，提升了日常生活的品位和质量。它为个人追求生活目标提供支持，体现以人为本的教育理念。例如，文化意识、环境研究、职业发展、生活规划、冲突管理等，都是核心素养的重要内容。此外，核心素养帮助个人提升公民意识，促进与社会环境的自主互动，增强成就感和愉悦感。因此，核心素养不仅满足个人在学习、工作和生活各个领域的重要需求，而且促使个人与他人建立密切关系，更好地理解他人和自身所处的世界，与社会进行良性互动，从而享有更加美好的生活。

第二节　中学生物学核心素养与学科知识的整合

一、生物核心素养的内涵

核心素养的实际应用需要通过多层次、复杂的教育系统逐步转化实施[1]。这个过程的关键一步是将核心素养的理念整合进学科教学中，进而影响课程标准和教材的编排。要实现这一目标，必须确保核心素养贯穿于学校教育的各方面，包括各学科和教学阶段。这样，才能有效地培养出具备所需核心素养的学生。

在课程改革不断深化的背景下，学生的核心素养成为改革的基石。以中学生物课程为例，其改革的深化应以提升学生核心素养为核心目标。学科课程既有其独特的学科特点，也在多学科的背景下展现出共性和多样性。因此，学生的核心素养与特定学科素养之间的关系，既体现为共性与特性的结合，也是整体与局部的关联，同时体现了从宏观到微观的转化特点。在这个过程中，学科素养的设定应基于独特性和层级性两方面的认识。学科的独特性反映了每个学科的核心特征，以适应学生多样化、个性化的发展需求。学科的层级性指每个学科的教学目标应包括激发兴趣、动机、态度，培养思考力、判断力、表达力，以及提升观察技能、实验技能等。此外，不同学科之间在某些学习能力上可能有共性，如逻辑思维、批判性思维、语言表达能力等，使得不同学科可以在某些教育理念或价值观下形成学科群。

核心素养是一种跨学科的综合素养，涵盖知识、能力、态度和价值观的整合，包括但不限于问题解决能力、探究能力、批判性思维、自我管理能力、组织能力、人际交往能力等。因此，核心素养的培养和发展需要依托于学科教学的基础之上，各学科的核心素养目标应围绕培养人的整体核心素养而设定。

生物学作为自然科学的一门基础学科，不仅研究生命现象和生命活动的规律，还是多个相关学科的基础。随着生物学在微观和宏观层面的快速发展，以及其与信息技术和工程技术的紧密结合，生物学在社会、经济和人类生活中的影响日益显著。将核心素养融入生物学科教学，不仅有助于学生掌握生物

---

[1] 张建荣.试论中学生物教学中培养学生核心素养的措施［J］.新课程（下），2019（5）：204.

学知识和技能，而且在全面素质、创新能力和社会适应能力等方面得到全面发展。

生物学课程旨在激发学生的主动学习精神，让他们在提出问题、收集信息、寻找证据、验证假设以及探索规律的过程中深入理解生物学知识。这一过程不仅培养了学生的理性思维习惯，也塑造了积极的科学态度，并发展了他们的终身学习能力[①]。生物学不仅是未来公民必不可少的教育经历，其学习成果也构成了公民素养的基础部分。

生物学领域的权威专家刘恩山强调："核心素养定义了课程设计的方向，成为实现教育目标的重要工具。学科核心素养是核心素养在具体学科中的具体体现和应用；特别是生物核心素养，它不仅代表学生通过学习生物课程所获得的长久品格和能力，也是他们在生物学习过程中经历的体验、反思、提炼和感悟的成果。这不仅彰显了生物学科独特的教育价值，而且需要在课堂教学中得到持续培养。"[②]

生物核心素养反映了学生通过后天学习获得的、终身受益的关键品格和能力，是公民基本素养的核心组成部分。它体现在学生解决实际生物学问题时所表现出的必要品格和关键能力上，是学生在生物学习过程中的实际体验、深思、精炼和感悟的结果。一般认为，生物核心素养主要包含生命观念（生物学科情感）、理性思维（生物学科思维方式）、科学探究（生物学科关键能力）和社会责任等方面。具体而言，生命观念（生物学科情感）不仅关注学生对生物学的学习动机、兴趣和需求，也重视学生在学习过程中的情感交流和体验。这一过程逐渐累积，使学生能够理解生命现象及其相互关系，形成如结构与功能观、进化与适应观等生物学概念。理性思维（生物学科思维方式）是在认识自然界中生物变化的过程中形成的思维方式，强调尊重事实和证据、严谨务实的态度。学生应通过生物学事实和证据，运用多种思维方法，探讨生命现象和规律。科学探究（生物学科关键能力）涉及理解生物科学的知识、过程和方法，包括观察能力、实验能力和创新能力等。生物学作为一门实验科学，关键能力体现在学生能发现和解决生物学问题的能力上。社会责任体现为基于生物学知识参与社会事务的讨论、做出理性解释和尝试解决生产、生活中的生物学问题的能力。因此，生物学课程在形成学生核心科学素养方面发挥着不可替代的基础作用。

[①] 沈涛.聚焦学生活动，加强初中生生物学核心素养的培养［J］.生物学教学，2017（5）：15-16.

[②] 林静.初中生物学教学要整合概念与探究的学习：北京师范大学生命科学学院刘恩山教授专访［J］.中国教师，2012（8A）：5-8.

二、核心素养理论的教学意义

生物科学作为一门充满挑战且不断进步的前沿科学领域，对基础教育的发展至关重要。因此，将中学生物学课程定位为旨在培养学生核心素养的全面课程变得尤为重要。此外，生物学课程的普及性和课程本身的内在价值决定了生物学科素养是构建核心素养的基石。

生物学科核心素养在学生核心素养的构成中扮演关键角色，涵盖理解自然界所需的基本知识和研究方法、批判性思维品质、尊重事实和理性质疑的精神、对科学本质的理解以及对科学技术与社会关系的关注等方面。中学生物学教育的核心在于探索生命系统的结构和功能，以及生命的过去、现在和未来，这些内容使得生物学科核心素养与学生核心素养共享相同的特质。

中学生的核心素养代表着学生所需掌握的基本且关键的综合素养，它涵盖了知识、能力和态度的整合。对于初中生物学课程来说，其在促进学生核心素养的发展上具有重要的教学价值，目的是培养学生树立基础的生命观和掌握生物学的基本理念，从而增强科学素养。这不仅需要学生掌握生物学的关键概念以理解生命的本质，还应鼓励学生亲身参与科学实验活动，亲历生物学知识的产生过程，理解生物学的思维方式和研究方法，进而提高学生的逻辑思维能力和科学探索精神。在这样的基础上，初中生物学课程有助于为学生的个人生活和社会参与奠定素养的基石，并加强他们的社会责任感。因此，中学生物学课程应采取哪些具体措施来发展学生的核心素养呢？

通过初中生物学课程，我们首要目标是让学生达到对生命和生物学的深刻理解，具体包括明确生命的本质、生命活动的过程以及生命存在的原因。只有在理解了这些基础上，学生才能对生命有充分的认识。让学生在理解生命的过程中，学习生物学知识形成的历史和方法，以实现对生物学思想的领悟，进而全面理解生物学。让学生在学习生物课程的基础上理解自然，感悟生物学与社会、生物学与人生的密切关系，进而培养科学态度和科学精神。

根据初中生物学课程的 9 个重要概念 [1]，我们可以提出以下问题：生命是什么？生命活动如何进行？生命为什么是这样的？这些问题中又涵盖了多个二级、三级问题。这些问题的回答构成了一个概念体系，其中核心概念构成了该体系的框架。那么，哪些概念是核心概念呢？

根据现行的初中生物课程标准，我们可以明确初中生物课程所包含的核心概念范围。如表 2-1 所示。

---

① 方瑾. 生物学科知识与教学能力（初级中学）[M]. 北京：光明日报出版社，2015.

表 2-1　初中生物课程所包含的核心概念范围

问题	中学生物学核心概念	相关内容
什么是生命？	生物的多样性	①地球上生物的分类；不同类群生物的作用 ②生物可以分为不同的类群，保护生物的多样性具有重要意义
	生物体的结构层次	①生物体具有一定的结构层次，能够完成各项生命活动 ②细胞的结构与功能；细胞的分裂、分化、生长；生殖与发育；多细胞生物体具有一定的结构层次，包括细胞、组织、器官与个体
生命活动如何进行？	植物的生活	①植物有自己的生命周期，可以制造有机物，直接或间接地为其他生物提供食物，参与生物圈中的水循环，并维持碳氧平衡 ②植物的新陈代谢，开花植物的生命周期，植物的生态功能
	人体生理与健康	①人体的结构与功能相适应，各系统协调统一，共同完成复杂的生命活动概念 ②人体健康受传染病、心血管疾病、癌症及外部伤害的威胁，良好的生活习惯和医疗措施是健康的重要保障 ③人体各系统的组成与功能，各系统通过调节人体对环境变化的反应及生长、发育、生殖等完成生命活动；人类的活动对生物圈的重要影响
	生物与环境	生物与环境相互依赖、相互影响，形成多种多样的生态系统；生态系统的组成成分、结构、功能；生物圈是最大的生态系统。
生命为什么是现在这样？	遗传与进化	①遗传信息控制生物性状，并由亲代传递给子代 ②地球上现存的生物来自共同祖先，是长期进化的结果 ③生物的生殖、发育；减数分裂；不同动物的发育方式可能不同；生物遗传的物质基础；遗传与变异；基因与环境的相互作用。生物的多样性、适应性是进化的结果，生命现象发生的根本原因是生物进化；地质学、化石记录、解剖学等从个同方面为进化理论提供了证据；生物的遗传、变异和环境因素的共同作用导致了生物的进化
	生物学与社会跨学科实践	①包括模型制作、植物栽培和动物饲养、发酵食品制作三类跨学科实践活动。让学生能够认识生物学与社会的关系，能够理解科学、技术、工程学、数学等学科的相互关系，并尝试运用多学科的知识和方法，通过设计和制作，解决现实问题或生产特定的产品，发展核心素养 ②真实情境中的问题解决，通常需要综合运用科学、技术、工程学和数学等学科的概念、方法和思想，设计方案并付诸实施，以寻求科学问题的答案或制造相关产品

中国教育学会生物学教学专业委员会理事长赵占良，强调了中学生物学概念的复杂性，指出其核心概念通常不易从其他概念推导而来。这凸显了维护核心概念体系完整性的重要性，以便全面且精确地掌握生命科学的基础。在初中生物教育中，重点是培养学生对生物多样性、分类学、细胞、遗传、进化和生态系统等概念的基本理解，为后续深入到分子层面的生命科学探索和理解生态思想、生物技术发展奠定基础。

三、领悟生物学的理性思维

学生在理解生物学核心概念的基础上应形成对生命的深刻认识（生物学科情感）。理解这些核心概念依赖于生物学事实和现象，并运用科学探究（生物学科关键能力）、理性思维[1][2]（生物学科思维方式）等多种方法。教师应关注核心概念的形成过程，通过观察、实验等方式，分析、综合和判断证据和数据，以提高学生对感性材料进行理性加工的能力，进而帮助学生建立核心概念，从而发展他们的理性思维[3]。

比如，在教授"生态平衡"概念时，教师组织学生进行生态瓶制作和观察实验。通过对生态瓶中水草、鱼类及水体透明度的观察和记录，学生自然而然地提出了关于生态变化的问题，例如"为什么鱼多的瓶子中的鱼都死了？"等。学生在讨论补救措施时，提出了增加水草、开放瓶盖、增强光照等方法。教师借此机会引入"生态平衡"概念，并进一步引导学生思考："生态系统能否始终保持平衡？其自我调节能力有无限度？"等问题。

在这个实验过程中，学生通过辩证的逻辑和严谨的推理，亲身经历了提出问题、获取信息、寻找证据、验证假设和发现规律的过程，从而学习到生物知识[4]。这不仅让学生体验到科学探究的魅力，还培养了他们的理性思维习惯。生物学课程中的科学探究活动能够促使学生主动获取科学知识，体验科学过程，培养科学探究能力和科学态度，激发创新精神，深化对核心概念的理解。学生可以通过教材、教师描述的客观事实、科学史经典案例等方式获取信息，也可以通过实验、探究活动直接体验生物学事实和现象。基于这些事实和证据，学生可应用"归纳与概括、演绎与推理、模型与建模、批判性思维"等方法探讨和解释生命现象及其规律。教师结合概念建构，运用多种科学方法，让学生亲自参与探究，从而获得相关事实，深刻感悟生物学的理性思维。

---

① 董裕华. 让理性思维助力学生更好发展［J］. 江苏教育, 2023（37）: 1.
② 王莉. 依托思辨性问题，培养理性思维［J］. 小学教学参考, 2023（25）: 65–67.
③④ 沈涛. 聚焦学生活动，加强初中生生物学核心素养的培养［J］. 生物学教学, 2017（5）: 15–16.

四、生物学概念建构

在生物学概念的建构过程中，观察、实验、调查、比较、分类、归纳、演绎、分析与综合等多种科学方法扮演着关键角色。观察、实验和调查是获取直观材料的基本科学方法，这些方法能够让学生深入体验科学探究的核心要素；比较、分类、归纳、演绎、分析与综合等方法有助于直观材料进行深入加工，从而有效促进学生理性思维能力的发展。例如，在探究"生物体的基本结构"这一核心概念时，教材中呈现的丰富案例就是运用这些科学方法的典型实例。在概念最终形成时，需要综合运用多种科学方法；在应用概念时，需借助演绎方法。例如，制作和观察洋葱鳞片叶表皮细胞的临时装片以及观察人口腔上皮细胞的临时装片过程中，涉及观察、实验、分析等方法；在比较植物细胞和动物细胞时，涉及观察、比较、模型建立等方法；在解决相关讨论题时，需要运用分析、归纳等方法；在制作细胞模型时，需要模拟制作、建模等方法。几乎所有生物学概念的形成都离不开观察这一方法。基于观察，辅以分析、归纳、比较等其他科学方法，学生能够形成概念，如通过观察植物和动物细胞的结构模型，归纳出细胞结构的基本特征。此外，实验在生物学概念构建中同样至关重要，作为一门实验科学，生物学的科学探究实验离不开观察、分析、比较、综合等方法，概念构建的重要证据常常源自实验中的现象和结果。

生物学还包含其他一些关键的科学方法。例如，假说—演绎法是孟德尔发现基因分离与自由组合定律不可或缺的方法；模型法在"生态系统自我调节"内容的教学中发挥作用，引导学生通过构建物理模型、概念模型、数学模型等不同类型的模型来探究和分析生态系统的自我调节能力，强化学生的理性思维，促进学科核心素养的发展，从而服务于学生核心素养的整体发展；批判性思维方法可以在探讨"输血、血型和无偿献血"等议题时激发学生的思考，如通过质疑"献血不好论"来重新认识血液的重要性，不仅深化了对生物学内容的了解，还激发了学生对人类自然肌体的社会责任感。

五、科学态度、科学精神与社会责任的强化

探索生命的本质、鼓励学生参与科学实践活动、体验知识的形成以及感悟生物学的理念和方法，是中学生物课程的关键目标，但这些目标并非学习的终极目的。作为自然科学的重要分支，生物学科不仅需要让学生掌握科学知识，更要引导他们学习科学的思考方式和方法。通过对科学历史、科学模型的研究，学生能够理解科学家如何探索、研究和分析现象以得出结论，从而培养出理性地思

考、分析和问题解决能力 [①]。学生应在科学探究的过程中学习探究方法，掌握基本技能，体会科学探索的艰辛，并享受探究成功的快乐。他们应通过学习领悟实事求是的科学态度和质疑创新的科学精神，以此培养自身的科学素养。

教学内容不仅应体现科学态度，还应培养学生的科学精神，并将其放在教育的核心位置。这种精神是科学家取得成就的关键，也深入人们的意识，应培养坚韧不拔、勇于面对困难和创新的精神。与此同时，生物学与当代许多重大社会问题密切相关，通过学习生物学知识，学生不仅能够获得健康知识、饮食常识、遗传原理和环保意识，还会意识到对社会的责任，并承担相应的社会责任 [②]。例如，积极传播生物知识，如防传染病、环保理念、遗传病预防、食品安全、均衡营养、吸烟危害、对转基因食品的正确理解等。这些教学内容要求生物学科素养培养必须超越个人和国家的局限，从全人类乃至宇宙的角度看待自然和世界，以培养强烈的社会责任感。同时，学生应被鼓励成为环保的宣传者、实践者和监督者，积极开展社会调查和实践活动，努力让更多人了解生物知识，使之更好地服务于社会。因此，教师应将科学态度、精神和社会责任放在生物学科素养培育的核心位置。

第三节　中学生物学核心素养的教育目标与成果

教学的主要目标在于培育学生的核心素养，同时激发他们研究问题时的主动性和创新思维。面对如何围绕生物学的核心素养而设定教学目标这一挑战，教育者需要深思熟虑。

生物学是一门基于观察和实验的学科，因此，在生物学教育中，学生通过实验和观察等活动掌握生物学的知识、培养技能、形成科学素养是至关重要的。因此，将生物实验视为教学的核心环节十分必要，它是支持学生探究生物学问题的基础和关键方法。初中阶段的生物实验涵盖演示实验、学生亲自操作的实验以及课外实验等多种形式，这些都是宝贵的教学资源。只要教师能够恰当地运用这些资源，则它们必将在教学过程中发挥至关重要的作用。以"细胞的基本结构"这一课题为例，将科学探究融入课堂教学，使学生能够初步熟悉使用显微镜，绘制并区分不同细胞的基本结构。在这一探索过程中，教师应引导学生积极参与实

---

①② 蒋桂林. 基于高中生核心素养培养的生物学科素养的思考［J］. 中学生物学，2015（10）：9–10.

践操作、思考问题，深入了解生命科学的本质，并逐步提升学生分析问题和解决问题的能力[①]。

一、促进学生核心素养的全面发展

生物学课程的学习使学生深入了解自身及其生存环境，从分子层面到整个生态系统，揭示了支撑人类生存、健康和发展的生命活动规律。这些知识和技能对于培养未来社会的责任公民至关重要，同时构成了学生个人成长和社会参与的基础。生物教学应综合知识、技能和情感，这不仅是核心素养的关键特征，也是应用学科知识解决实际问题时的必然需求。学生需要将所学的生物学知识与现实生活和生产实践相结合，理解个体与社会的相互关联，认识到自己既是社会的一部分，也是社会整体的构成元素，个体的行为对整体有影响，整体反过来影响个体，并在此过程中增强社会责任感。

生物学的发展与进步不仅依赖于本学科的成长，还与数学、物理、化学、信息科学及技术等其他学科的发展紧密相连。这些理科学科之间的思维和方法存在诸多共性。因此，只有将各学科的素养相互融合，才能形成学生的综合核心素养。教师应努力结合校内外的多种教育资源，为学生的生物学科素养培养提供丰富的土壤，开拓学生的视野，加强知识的实际应用，并将其与社会实践紧密联系。

二、革新教师观念

实施以核心素养为导向的学科教学需要教师观念的根本转变。尽管新课程改革已实施多年，但理论与实践的不一致仍然是一个挑战。教师对于改革的抗拒往往成为阻碍进步的主要因素。影响教师接受教学变革的原因多种多样，一个重要原因是传统教学观念的深入人心。尽管许多教师口头上支持改革，但实际行动上却缺乏相应的调整和变化。

改革不仅是对过去的修补，更是一种创新和创造。因此，改变教师的观念，增强其对教学改革的积极性和主动性，是实现有效改革的关键。在新课改中，教师从传统的学科专家角色转变为更加注重核心素养的导向者，这一角色转变对教师而言是一个重大调整。

为了适应教学方法的这一变革，教师需要全面学习关于核心素养发展、学科核心素养，以及基于核心素养的教学方法，并参加相关的培训项目。通过这些学习和培训，教师可以加深对核心素养的理解，并提升在学科核心素养教学

① 王执.基于学科核心素养培养的初中生物教学策略［J］.中国校外教育，2020（23）：85–86.

上的能力。首先，教师需要掌握学生发展核心素养的整体方案，理解学科核心素养的关键要素和含义，并将这些素养融入学科内容和教学实践中。其次，教师应认识到实施核心素养的重要性，主动将其整合到教学过程中，以确保核心素养目标的实现。此外，教师需要明确如何在课堂教学中应用基于核心素养的方法，深刻理解生物学科的本质，梳理学科核心素养与学科本质的联系，从单纯的学科教学转变为更加重视学科教育的全面性。

基于这些观念，教师应在思想和行为上真正以核心素养作为指导教学目标的依据，确保教学活动充分反映核心素养的导向。教师不仅需要向学生传授学科知识、技巧和能力，还要重视育人的根本目标，培养学生对真理、善良、美好的价值观念，以及乐观、勤奋、团队合作的精神，提高实用的科学思维和创新能力，以及对国家和社会的责任感及奉献精神。

三、革新师生关系

在当前教育环境中，家长式的教师角色依然占据主导地位，这种教学模式中，教师通常扮演着课堂和班级的权威人物，学生被放置在从属的位置，往往没有机会对教师的观点提出疑问。这种情况在一定程度上抑制了学生的个性发展和创造力，也阻碍了公民意识的培养。显然，这种教育模式与培养核心素养的目标不相符，因此有必要改变这种师生关系，为实现核心素养的培育目标奠定基础。

教育是一个成长的过程，需要构建教师和学生的共同体，通过共同完成学习任务来促进学生的全面发展。与传统教学相比，师生共同体更强调人际关系的和谐及有效沟通，在学习中发挥团体的积极作用。在这种环境下，教师可以利用自己的经验和知识引导学生，学生也能用自己的新鲜视角和活力去影响教师，并通过实际情境实现内在和外显变化的统一。

核心素养的提出体现了以人为本的教育理念[1]，要求我们重新审视师生关系。这种关系强调在平等、对话和合作的基础上，师生之间相互尊重。学生应尊重教师的人格和教学劳动，教师则需要关心学生的学习和情感生活，促进学生在学业和人格上的全面发展。在教育过程中，教师不仅是学科知识的传授者，更是学生成长的引导者和榜样。

在学科教学领域，教师作为该学科的专家，应更加关注教学方式和学生的感受体验。随着教育观念的演进，学生在学习中的主动性和自我意识逐步增强。在生物学科核心素养的培育过程中，教师在规划教学时需要站在学生的立场上思考，提出学习建议和步骤，规划学习任务，并根据情况灵活调整教学策

---

① 李琼. 浅析"以人为本"的教育理念 [J]. 科学咨询, 2019（20）: 14.

略。因此，教师应将学生置于教学活动的中心，自己则扮演组织者、参与者和指导者的角色。

核心素养具有跨学科的特性，如生物学科中的科学探究能力、生态意识、批判性思维等，在其他学科中也能找到其踪迹。不同学科的教师应该通过建立教研平台和合作教学等方式进行交流与协作，借助校本课程和兴趣小组等手段组织科学活动，鼓励学生参与自主实验，举办科普讲座，甚至支持表现优异的学生进行演讲和交流，以促进师生共同成长和进步。

四、革新课堂教学方法

在革新课堂教学方法方面，教师应深入理解并掌握生物课程标准和生物学科核心素养的核心内容，将生物科学的思维和基本理念融入课程教学中。在安排教学进度时，教师需要合理规划教学内容的深度和广度，明确教学目标，并采用综合性的教学方法。同时，教师可在必要时跨越教材单元和章节的界限，对教材进行创新性处理。针对不同学段的学生特点，设定相应的核心素养目标，如七年级上学期着重培养学生的学习兴趣、观察能力和实验操作技巧，而七年级下学期重点培养科学探究能力和理性思维能力。教师应根据当地和学校的具体情况，制定合适的教学目标、内容和方法，以最大限度地促进学生核心素养的成长。

人类的核心素养实质上是各学科素养的综合体现，这些素养都是基于完善的知识体系而建立的。如果没有知识的累积和体系化的支持，任何学科的素养都会失去其基础。在教学过程中，教师应该以高效的方式向学生传授本学科的关键知识和结构化知识，以确保学生能够掌握该学科的知识结构及思维模式，从而形成专业能力。同时，教学过程应该超越学科的界限，采用基于项目的教学方法。一方面，不同学科之间应进行合作，共同围绕跨学科内容和项目开展教学，培养学生的综合实践能力；另一方面，教师应将教学活动延伸至校外，创造真实的学习情境，利用信息技术和课外资源，指导学生在实际环境中提升实践技能。

相较于其他理科学科，生物学与当前许多重要的社会问题密切相关。在教学中，教师可以从生物学角度出发全面解析人体健康问题，宣传传染病和遗传病的预防，倡导环保和均衡饮食，提高公众对吸烟、酗酒和吸毒危害的认识，纠正对食品安全和转基因食品的误解等，努力让更多人理解生物学知识，并学会克服生活中的不利因素，推广健康的生活方式。同时，教师应组织学生分析全球生态环境问题，如气候变化、水资源短缺、臭氧层破坏等，增强学生对人与自然环境相互依存关系的理解和社会责任感。通过开展社会调查和实践活动，让学生关注并参与生物科学技术相关的社会问题讨论和决策，关心生物圈的可持续发展，运用生物科学和技术解决农业、医疗、环保等实际问题，为构建生态文明做出贡献。

第四节　中学生物学核心素养与大概念教学的联系

一、大概念教学是培育学生核心素养的有效路径

大概念教学法是培育学生核心素养的有效路径之一，它强调引导学生主动参与学习过程。这种教学方法从学生的认知出发，根据课堂内容进行设计，旨在通过实际生物学现象的展示或直接阐释概念，帮助学生修正和完善他们的现有概念，进而构建正确的生物学科知识体系。生命观念是生物学科的基础内容和关键核心素养，是对生命结构功能、运行规律和发展变化等本质特征的深刻理解和高度提炼，不仅是具体的知识点，还是一种对生命现象和事实的认识结论及其认知方式。

当前许多教师仍然采用传统的"填鸭式教学"[1]方法，教学中师生互动不足，忽略了学生的主体地位。这种方法过分强调书本上的基础理论知识，很少结合生活实际或利用多样的教学资源开展能够激发学生思维的教学活动。结果是学生被动接受知识，课堂氛围显得压抑，甚至会导致学生对学习产生反感，这无疑限制了学生知识面的扩展和全面发展。正确地引导学生认识生命，符合生物学教学的理念，不仅有利于培养学生的生命观念[2][3]，还能让学生理解环保的价值和重要性，从而培育他们的环保意识。

二、让学生自主学习

教师需要改变传统的课堂教学观念，摒弃"填鸭式教学"模式，促使学生从被动学习转变为主动探索，让他们在课堂上成为学习的中心，确保学生拥有学习的主动权。在新课程改革的背景下，中学生物教师不仅要教授学生课本上的基础理论知识，还要着重培养学生的生物核心素养和生命观念。教师应该采用更具针对性的教学策略，缩小师生间的距离，促进师生、生生之间的交流互动，深入

---

① 张建菊. 填鸭式教学向新课改理念转变策略 [J]. 中学教学参考，2016（6）：85.
② 王雄超. 立足初中生物课堂培养学生生命观念 [J]. 新教育，2023（7）：40–42.
③ 陈丽青. 渗透生命观念助力生物教学 [J]. 名师在线，2021（2）：10–11.

了解学生对知识点的掌握程度和主观感受，尊重每个学生的个性差异，以便更有效地指导学生，促进他们的自主学习和对生物学知识的深入理解。

为了让教学活动更加成功，学生的参与和互动是关键。因此，在课堂教学中，教师应该激发学生的学习兴趣，引导他们积极参与课堂讨论，创造一个活跃且互动的课堂环境。例如，在讲授"细胞"这一章节时，教师可以准备不同的生物样本和显微镜等观察工具，让学生亲自参与发现生命的奥秘。通过直接观察生物样本，学生不仅能加深对知识点的理解，还能激发他们对生命现象的思考。让学生观察绿叶的组织结构和分析其细胞构造，这样的互动活动增加了教学的趣味性，使学生更容易记住知识，同时让他们认识到生命的珍贵。通过这种互动，学生可以了解一个绿叶是如何由众多细胞构成的，细胞如何运作和转移能量，这样的教学方法为增强师生间的互动创造了良好的机会。

三、知识结合生活

生物学知识与日常生活紧密相连，学生可通过观察生活中的生物学现象并结合所学知识来解决问题，从而建立对生命观念的正确理解。作为学生学习的导师，教师在课堂教学中应该将生活实际情况与生物教材内容相结合，这样不仅帮助学生深入理解生物学知识，还能丰富教学内容和形式，激发学生学习生物的兴趣，拓宽他们的知识视野，实现理论与实践的有效结合。通过将教材中的理论知识与生活实际相联系，学生能够理解知识与日常生活之间的联系，从而在遇到问题时能够主动观察生活中的生物现象，运用所学知识进行思考和解释，进一步培养他们的生命观念。

在中学生物课堂教学中，教师可以运用新媒体技术扩展教学内容，这有助于学生更轻松地理解知识的概念和内涵，并促进他们形成生命观念。例如，在讲解光合作用和能量转换的章节时，教师应引导学生思考植物进行光合作用的原理，并带领学生到户外观察植物的变化。对于初次接触中学生物学的学生来说，由于抽象知识的理解难度较高，教师可以通过布置实践性作业来促进学生的理解，如让学生种植绿植或蒜苗，并记录植物的成长变化。通过这些活动，学生不仅增加了对日常生活的理解，还能通过具体的生活实例加深对生命观念的认识。

四、增强实验教学

生物学是一门较为抽象的学科，在 2017 年修订的（高中）生物学课程标准中，虽然减少了约 20% 的概念解释，却强调了生物学的大概念，旨在通过缩减教材内容的深度，增加课程的广度①。同样，科学探究能力作为中学生物学课程的核心素养之一，也是通过大概念教学培养学生生命观念的关键环节。因此，教师在课堂上应注重实验教学②③，通过探究式学习活动④，为学生提供充足的实验操作机会，以此拓展他们的思维，提高实验操作能力，并加深对生命观念的理解。在教学过程中，教师应充分运用新媒体技术制作课件，帮助学生掌握生物实验的每个环节，从而提升课堂教学的质量和效率。通过多样化的实验教学，学生可以形成正确的生物学概念，更好地参与社会中有关生命观念的讨论，解决生活中的问题，这也正是基于生物学大概念教育学生生命观念的目的。

生物学与每个人的生活紧密相关，是一门有趣而实用的课程。在中学生物课堂教学中，教师需要改变传统的教学观念，重视培养学生的生命观念，使学生体会到生命观念的重要性，养成良好的学习习惯，拓宽学科思维，提升学习能力和核心素养，树立正确的人生观、价值观和世界观，全面发展学生的人格。

大概念教学的成效很大程度上依赖于教师如何有效地将课程内容与学生的个人经验相结合。这种教学方法鼓励学生将所学概念与他们的生活实际相联系，使学习过程更有意义和吸引力。例如，在探讨生态系统和环境保护⑤的课程中，教师可以引导学生观察并讨论他们社区中的环境问题，探讨如何用生物学方法解决这些问题。这样的实践活动不仅加深了学生对生物学原理的理解，还培养了他们应用知识解决实际问题的能力。

通过将课程内容与学生的个人经验相结合，大概念教学还能促进学生的批判性思维。当学生被鼓励从不同视角审视生物学问题时，他们开始学会质疑、分析和评估不同的信息和观点。这种批判性思维的培养对学生的整体学术成长至关重要，不仅在学习生物学过程中发挥作用，而且在他们的日常生活和未来职业生涯中也极其重要。大概念教学还激发学生的创新能力。当学生在学习过程中被鼓励探索、实验并提出新的想法时，他们的创造力和解决问题的能力得到加强。例如，通过设计和实施自己的生物学实验，学生不仅学习科学方法，还发展了独立思考和创新的能力。在实施大概念教学时，教师需要灵活调整教学内容和方法，以适应不同学生的学习风格和兴趣。这种个性化的方法有助于吸引学生的兴趣，增加他们对生物学的热情，并提高他们的学习效率。⑥⑦

① 王杨杨.2017年普通高中生物学课程标准解读［J］.现代交际（学术版），2017（5）：171.
② 许燕.初中生物实验教学的价值认知思考［J］.天津教育，2022（21）：57-59.
③ 王仁嫚.初中生物实验教学策略研究［J］.学苑教育，2023（23）：47-48，51.
④ 张一颖.探究式学习活动教学设计［J］.中小学教材教学：中学文科，2000（10）：19-20.
⑤ 叶茜.聚焦核心概念的生物学习进阶构建——以生态系统与环境保护主题为例［J］.新一代，2021（5）：126-127.
⑥ 周拯宇.个性化教学模式探析［J］.小学科学，2022（20）：118-120.
⑦ 祁红.个性化教学的"四维"探索［J］.北京教育（普教版），2021（2）：94-95.

第三章 基于中学生物学核心素养的大概念教学设计

第一节 中学生物学核心素养视角下的大概念教学

一、整合核心素养与大概念教学

在探索中学生物学教学的现代化过程中，核心素养和大概念教学的整合显得尤为关键。中学生物学核心素养不仅涵盖对生物学知识的理解和应用，更重视学生如何将这些知识应用于解决现实问题的能力。大概念教学作为一种创新教育策略，其核心在于跨越传统学科界限，引入更广泛的知识领域，促进学生全面而深入地理解。例如，在人教版初中生物《八年级下册》的"生物的遗传与变异"的学习中，大概念教学不仅聚焦于特定的遗传学知识，还将其置于生物多样性、生命连续性等更广泛的生物学概念中。这种做法使学生能够从更宏观的视角理解和链接生物学的不同部分，从而更好地把握生物学作为一个整体的内在联系和逻辑。

在教学设计的过程中，教师需要精心挑选与核心素养培养目标相匹配的大概念。例如，在探索生态系统的过程中，可以选择生物多样性、生态平衡等大概念作为教学的核心。这不仅促进学生对特定生物学知识的理解，更重要的是，能帮助他们建立起生物学知识与现实世界之间的联系。在融合大概念教学和核心素养的过程中，考虑学生的现有知识和经验至关重要。设计课堂活动和讨论时，应激励学生将新获得的知识与已有的认知结构相结合，这种方式能够加固学生的知识体系，并激发他们对生物学的兴趣。教师在实施大概念教学时应展现出必要的灵活性，根据学生的特定需求和兴趣调整教学内容。个性化的教学方法不仅满足学生的多样化学习需求，还促进他们对生物学的深入理解。

二、大概念教学在实际课堂应用

大概念教学在实际的中学生物课堂中的应用要求，教师不仅是知识的传递者，更是学生学习过程中的引导者和促进者。在这一教学模式下，课堂不再只是简单的知识灌输，而是变成了一个探索、发现和思考的过程。教师需要利用大概念作为桥梁，将抽象的生物学理论与学生的日常生活经验相联结。例如，在教授遗传学的基础知识时，可以引入与学生日常生活相关的例子，如家族中的遗传特征，使学生能够更直观地理解并感兴趣于这一领域的学习。教师还应设计多样化的教学活动，旨在激发学生的探究兴趣和参与热情。例如，通过实验、小组讨论、项目作业等方式，让学生在实践中深入理解大概念，并将这些概念应用于具体问题的解决中。这些活动不仅能够加深学生对生物学知识的理解，还能培养他们的合作、沟通和解决问题的能力。在大概念教学中，评估和反馈同样重要。教师需要定期评估学生对大概念的理解程度及其在实际问题中的应用能力。这种评估不应仅限于传统的考试和测验，还可以包括学生的项目作业、课堂表现和自我反思等多元化评估方式。通过这些评估，教师能够及时了解学生的学习情况，调整教学策略，以更好地满足学生的学习需求。

教师还应鼓励学生进行自我评估和反思。这不仅能帮助学生了解自己在学习过程中的优势和不足，还能促进他们对学习过程的深入思考，培养终身学习的能力。

三、结合大概念教学与学生个人经验

大概念教学的效果很大程度上取决于教师如何有效地将课程内容与学生的个人经验结合起来。这种教学方法鼓励学生将新学到的概念与他们的生活实际相联系，使学习变得更有意义和吸引人。例如，在探讨生态系统和环境保护的课程中，教师可以引导学生观察并讨论他们社区中的环境问题，如何通过生物学的方法解决这些问题。这样的实践活动不仅加深了学生对生物学原理的理解，还培养了他们应用知识解决实际问题的能力。

通过结合学生的个人经验，大概念教学能够促进学生的批判性思维。当学生被鼓励从不同的视角审视一个生物学问题时，他们开始学会质疑、分析和评估不同的信息和观点。这种批判性思维的培养对于学生的整体学术成长至关重要，它不仅在学习生物学过程中发挥作用，而且在他们的日常生活和未来职业生涯中也极其重要。当学生在学习过程中被鼓励探索、实验并提出新的想法时，他们的创造力和解决问题的能力得到加强。例如，通过设计和实施自己的生物学实验，学生不仅学习了科学方法，还发展了独立思考和创新的能力。

在实施大概念教学时，教师需要灵活调整教学内容和方法，以适应不同学生的学习风格和兴趣。这种个性化的方法有助于吸引学生的兴趣，激发他们对生物学的热情，并提高他们学习效率。

四、激发创新思维与问题解决能力

在大概念教学的框架下，激发学生的创新思维和问题解决能力成为教学的重要目标之一。通过将生物学概念与真实世界的挑战相结合，学生被鼓励思考如何运用他们的知识来解决复杂的问题。例如，在学习遗传学时，学生可以探讨如何利用遗传信息进行疾病预防或治疗。这种活动不仅促进了学生对学科内容的理解，还激发了他们运用所学知识解决实际问题的兴趣和能力。

为了促进学生的创新思维和问题解决能力，教师可以设计各种基于项目的学习活动。这些活动通常是跨学科的，要求学生运用他们在生物学以及其他学科中学到的知识和技能。通过这种方式，学生不仅能够深入理解生物学的大概念，还能学会如何将这些知识应用于不同的情境中。教师还应鼓励学生进行团队合作和讨论，促进他们从不同角度思考问题，并学会在团队中有效沟通和协作。这种合作学习的环境不仅有利于知识的深入理解，还有助于学生培养社交技能和团队协作能力。

在评估学生的学习成果时，应重视他们在创新思维和问题解决能力方面的表现。通过实际项目和案例研究的评估，教师可以更准确地了解学生的综合能力，而不仅仅是他们对知识的记忆和理解。

五、建立批判性思维与跨学科学习的融合

大概念教学的核心之一是培养学生的批判性思维能力，这对于学生理解和应用复杂的生物学概念至关重要。在这种教学模式下，学生被鼓励不仅要记忆事实和概念，还要学会质疑、分析和评估信息。例如，在生态学的学习中，学生不仅学习生态系统的基本原理，还要探讨这些原理如何应对环境变化和人类活动的影响。通过这种方式，学生学会在接收到的信息中寻找证据，形成自己的观点，并能够从多个角度评估和解释生物学现象。

大概念教学强调跨学科学习的重要性。生物学本身就是一个与多个学科交叉的领域，如化学、物理学、数学和环境科学。通过在教学中融入这些相关学科的元素，学生能够更全面地理解生物学知识，并学会如何将这些知识应用于

更广泛的情境中。例如，当学生在学习遗传学时，他们也会接触到化学和数学的相关概念，如 DNA 结构的化学基础和遗传概率的计算。这种跨学科的学习方法不仅丰富了学生的知识体系，还激发了他们探索生物学与其他学科之间联系的兴趣。在实施这种教学策略时，教师需要精心设计课程内容和活动，确保不同学科之间的知识点能够有效整合。同时，教师还应鼓励学生参与跨学科项目和研究，这样他们不仅能够实践所学知识，还能学会如何在复杂问题中运用不同学科的方法和理论。

六、整合技术与资源以增强大概念教学效果

在大概念教学中，有效地利用技术和资源对于提升教学效果和学生学习体验至关重要。随着教育技术的迅速发展，诸如互联网、虚拟实验室、交互式软件等工具为生物学教育提供了新的可能性。这些技术不仅使学生能够接触到最新的科学研究和发现，还提供了更多样化的学习方式，如模拟实验、在线合作和互动式探索。例如，使用虚拟实验室软件，学生可以在没有实际实验室条件的情况下进行复杂的生物学实验，如 DNA 提取和基因编辑。这种模拟实验不仅安全、方便，还可以重复进行，使学生能够深入探索实验的不同方面，加深对生物学概念的理解。

教师可以利用在线教育平台和资源，如开放课程[1]、科学论坛和教育视频，来丰富课堂内容。这些资源使学生能够接触到更广泛的知识和不同的学术观点，激发他们的好奇心和探索欲。同时，通过参与在线论坛和讨论组，学生可以与全球范围内的同龄人和专家进行交流及合作，拓宽他们的视野。在实施大概念教学时，教师应当灵活运用这些技术和资源，以适应不同学生的学习风格和需求。例如，对于视觉学习者，可以使用图表和视频解释复杂的生物学过程；对于实践型学习者，则可以安排更多的虚拟实验和实际操作。通过整合这些现代技术和资源，大概念教学不仅能够提高学生的学习效率，还能激发他们对生物学的持续兴趣和热情。这种方法还有助于学生适应不断变化的科技环境，培养他们未来在科学和技术领域的竞争力。

七、持续改进大概念教学策略

为了确保大概念教学在不断演进的教育环境中保持其有效性和相关性，持续的反思和改进是必不可少的过程。这一过程要求教师定期评估教学方法的效果，并根据学生的反馈和学习成果进行调整。反思和改进的过程涉及多个方

---

① 邓绍云，邱清华 . 我国在线开放课程建设研究［J］. 科学咨询，2021（7）：10-11.

面，包括教学内容、教学方法、学生参与度以及评估标准。

教师需要关注教学内容的时效性和相关性。随着生物学领域的不断发展，新的发现和理论需要及时纳入课程中。同时，教师应考虑到社会和环境变化对生物学教学的影响，确保课程内容既具前瞻性又与学生的实际生活紧密相关。在教学方法方面，教师应不断探索和实验新的教学技巧和工具，以提高教学效果和学生的学习体验。这可能包括采用更多互动式和参与性的教学方法，如小组讨论、角色扮演或基于项目的学习。通过这些方法，学生不仅能更深入地理解生物学概念，还能发展关键的软技能，如团队合作、沟通和领导力。学生参与度的提升是评估教学策略成功与否的关键指标。教师需要设计吸引学生参与的活动，并鼓励学生在学习过程中主动提出问题和分享想法。通过定期收集学生的反馈，教师可以了解哪些教学方法最有效，哪些需要改进。评估标准的设置和实施需要不断优化。除传统的考试和测验，教师应采用多元化的评估方法，如学生的项目作品、课堂表现和反思日志。这些评估方法不仅更全面地反映了学生的学习成果，还有助于培养学生的自我评估和反思能力。通过这些持续的改进措施，大概念教学可以更好地适应教育领域的发展，有效地提升学生的生物学核心素养。这种教学方法不仅促进了学生知识的深入理解，还培养了他们成为终身学习者和未来社会的有责任感的公民。

第二节　大概念教学的根本属性

一、大概念教学的核心特性

在现代教育体系中，大概念教学作为一种创新的教学方法，其根本属性在于其整合性、跨学科性、对深度学习的重视，以及对学生批判性思维和问题解决能力的培养。这种教学模式不仅关注知识的传输，更重视学生对知识深层次的理解和应用，是对传统教育方法的重要补充和提升，能够更好地准备学生面对 21 世纪复杂多变的世界。

大概念教学强调在教学过程中，超越单一学科的界限，将学科知识融入更广泛的教育背景和现实生活中。这种教学方法促使学生将学科知识与现实世界的问题联系起来，加深他们对学科核心概念和原理的理解。例如，在生物学教学中，大概念如"生态平衡"或"遗传多样性"不仅限于生物学本身，还可能涉及环境科学、伦理学和社会学等其他学科领域。

　　大概念教学还注重于学生的批判性思维和问题解决能力的培养。在这种教学框架下，学生被鼓励不仅要学习和记忆事实知识，还要掌握分析、评估和应用这些知识的技能。这种方法促进学生在学习过程中形成自己的见解，对学习内容质疑，从而培养他们的独立思考能力。为了实现这种深入的学习，教师需要采取更加灵活和创新的教学策略。这可能包括项目式学习、基于探究的教学方法、案例研究和跨学科的课程设计。这些教学方法不仅提高学生的学习动力，还促进他们在不同情境中应用所学知识的能力。

　　对于大概念教学，如何准确地评估其教学效果是一个重要方面。传统的考试和测试可能无法充分衡量学生对大概念的理解和应用。因此，教师需要采用更为多元化和综合性的评估方法，如基于项目的评估、学生的反思和自我评价，以及课堂表现和小组讨论的评估等。这些评估方法可以更全面地衡量学生的深度学习和批判性思维能力。大概念教学的一个关键特性是对学生个体差异的重视。在大概念教学模式下，教师需要根据学生的不同背景、兴趣和学习风格来设计和调整课程内容。这种个性化的教学方法有助于满足每个学生的独特需求，促进他们的全面发展。

二、大概念教学的根本属性：深化知识理解

　　大概念教学的根本属性在于其能够促进学生对知识的深化理解。大概念教学方法不仅关注于信息的传递，更重视学生如何将知识内化、关联并应用于不同的情境。大概念教学的核心在于帮助学生建立起跨越单一事实和数据的深层次理解，从而形成对学科核心思想和原理的全面把握。在这种教学框架中，知识不再是孤立的或零散的信息点，而是相互关联的思想和概念网络。例如，在生物学教学中，教师不仅讲授遗传学的基础知识，而是将其放置在更大的生命科学框架内，让学生理解遗传学如何与进化论、生物多样性和生态系统相互联系。这种方法不仅增强了学生对单一知识点的理解，还有助于他们构建一个更加全面和深入的学科认知。

　　大概念教学的一个关键属性是促进批判性思维和反思性学习[①]。在这一过程中，学生被鼓励质疑现有的知识，探索不同的观点和理论，从而形成独立和批判性的思考能力。教师的角色在这一过程中变得尤为关键，他们不再仅仅是知识的传递者，而是变成了学习的促进者和引导者。这要求教师采用更加开放和探究式的教学方法，激发学生的好奇心和探索欲。这种教学方法通

---

① 杨蓓.如何引导学生进行反思性学习［J］.科学咨询，2020（11）：100.

过将理论与实际案例相结合，鼓励学生将所学知识应用于新的情境和问题中。这不仅提高了学生解决实际问题的能力，也增强了他们对学科知识实用性的理解。

由于每个学生的学习风格和兴趣各不相同，这种教学方法鼓励教师设计多样化的教学活动和材料，以满足不同学生的需求。这种个性化的教学方法有助于吸引学生的兴趣，增加他们的参与度，并促进他们对学科的深入理解。这种教学模式强调跨学科的思维方式，促进学生的深度学习，培养他们的批判性思维能力，并提高他们的知识应用和迁移能力。

三、大概念教学的根本属性：跨学科思维的培养

跨学科思维的培养[①]是大概念教学的关键属性之一。这种教学方法不仅涉及学科内的知识整合，还包括将不同学科的概念和方法融合在一起，从而为学生提供一个更加全面和连贯的学习体验。通过跨学科的教学，学生能够理解各学科之间的相互联系和互相依赖，有助于他们构建一个更加综合的知识体系。

在实施大概念教学时，教师通过将学科知识与现实生活中的问题和情境相联系，帮助学生理解学科知识在现实世界中的应用。例如，在教授环境科学的课程时，可以引入生物学、化学、地理学和政治学等学科的概念，以探讨环境保护和可持续发展的问题。这种方法不仅提高了学生的学科理解，还激发了他们的兴趣，使他们能够更好地理解复杂的全球性问题。跨学科思维的培养还需要教师设计符合这一目标的教学活动。这可能包括基于项目的学习、团队合作、研究项目和现实生活情境的模拟。这些活动鼓励学生应用不同学科的知识和技能解决问题，促进他们的综合思维能力。大概念教学还注重于教师和学生之间的互动。在这种教学环境中，教师不再是单向的知识传授者，而是学习的促进者和指导者。教师通过提出开放性问题、鼓励学生探索和讨论，来激发学生的思考和创新。这种互动和探究式的学习方式有助于学生更好地理解和应用大概念。在评估学生的学习成果时，大概念教学同样强调综合性和多元化的评估方法。这包括对学生在项目中的表现、他们的思考过程和创新能力的评估，以及对他们如何将所学知识应用于新情境的评价。这种评估方式不仅衡量了学生的知识掌握情况，还评估了他们的综合能力和创新思维。

通过这种教学方法，学生不仅能够深入理解各学科的核心概念，还能够将这些知识应用于解决实际问题，从而成为更加全面和适应性强的学习者。

---

① 周天亮．跨学科思维在中学英语教学中的应用探究［J］．创新人才教育，2023（3）：53-56.

四、大概念教学的根本属性：综合能力的发展

大概念教学的一项根本属性在于其对学生综合能力发展的重视。这种教学方法不仅致力于知识的深入理解，也着重于学生的各项技能和能力的培养，如分析能力、创造性思维、沟通技巧和团队合作能力。通过大概念教学，学生可以在多个层面上发展和提升自己的能力。在教学设计上，教师需要创造一个环境，让学生能够在实践中学习并应用大概念。这可以通过项目式学习、案例研究、实验和实地考察等方式实现。这些活动不仅有助于学生理解大概念，还能够提供实践和应用所学知识的机会。例如，在生物学课程中，学生可以通过实验和田野调查来探究生态系统的运作，这不仅帮助他们理解生态学的大概念，还锻炼了他们的实验技能和观察能力。

大概念教学强调团队合作和沟通技巧的培养。在学习过程中，学生经常需要与同伴合作，共同完成项目或解决问题。这种合作学习不仅提升了学生的团队合作能力，也锻炼了他们的沟通技巧和协调能力。通过团队合作，学生学会如何在团队中发表意见、倾听他人观点和共同作出决策。在课堂上，学生被鼓励发挥创造性，提出新的观点和解决方案。教师可以通过各种思维导图、创意写作和设计任务等活动激发学生的创造力。这种对创造性思维的培养不仅使学生在学科学习中更加主动和积极，也为他们未来的职业生涯和生活实践提供了重要的技能。在评估学生的学习成果时，除传统的书面考试，还应该包括对学生在项目中的表现、创造性思维和团队合作能力的评估。这种综合性评估可以更全面地反映学生的学习成果和综合能力的发展。

这种教学方法通过多元化的教学设计和活动，培养学生的分析能力、创造性思维、沟通技巧和团队合作能力，为学生的全面发展奠定坚实的基础。

五、大概念教学的根本属性：适应学生个体差异

大概念教学的一个重要属性是对学生个体差异的适应和尊重。这种教学方法认识到每个学生都有其独特的学习风格、兴趣和能力，因此强调教学内容和方法的个性化，以满足不同学生的需求。

在实施大概念教学时，教师需要考虑到学生的背景知识、学习经验和学习偏好。这可能意味着对同一个概念采用多种不同的教学方法。例如，一些学生可能更喜欢通过实际的实验和项目来学习，而另一些学生可能更倾向于理论讨论和文献研究。教师需要设计灵活多样的教学活动，使每一个学生都能在适合自己的方式中学习和成长。大概念教学注重学生在学习过程中的主动参与。教师鼓励学生提出问题、参与讨论和反思，从而使学习过程更加动态和互动。这

种方法不仅提高了学生的参与度，还有助于培养他们的自我驱动和自主学习能力。在评估学生的学习成果时，大概念教学同样强调个性化和多样化的评估方法。除传统的书面考试，还可以包括口头报告、项目展示、创意作品等形式。这些评估方式能够更全面地衡量学生的学习进步，同时考虑到了学生个体差异。大概念教学重视学生之间的协作学习。通过团队项目和小组讨论，学生可以互相学习和借鉴，从而获得不同的视角和见解。这种协作学习不仅有助于学生深入理解大概念，还能够培养他们的团队合作和沟通能力。

第三节　大概念教学的逻辑架构

一、确立教学的核心大概念

大概念教学的逻辑架构最先起始于确立教学的核心大概念。在这一阶段，教师的任务是识别和选择那些能够代表学科核心思想、原理和方法的概念。这些大概念不仅反映了学科知识的深度和广度，还应该具有激发学生探究兴趣和连接现实世界问题的能力。大概念架构关系如图 3-1 所示。

选择大概念时，教师需要考虑概念的教育意义、学生的先验知识和经验，以及概念与学生日常生活的相关性。例如，在生物学课程中，可以选择"生态平衡"、"遗传多样性"或"细胞作用"等作为大概念。这些概念不仅覆盖了生物学的核心内容，还可以与环境保护、健康科学和技术发展等实际问题相联系。确立核心大概念后，教师需要围绕这些概念设计课程内容和教学活动。这包括制定教学目标、选择合适的教学材料和方法，以及规划学生的学习路径。在这个过程中，教师应该考虑如何将大概念与学生的实际经验和兴趣相结合，以增强学习的相关性和吸引力。教师需要思考如何将大概念与其他学科知识相互融合。通过跨学科的连接，大概念不仅能够加深学生对单一学科的理解，还能够帮助他们构建起更加全面和综合的知识体系。例如，将生物学的"细胞作用"与化学的"分子结构"和物理学的"能量转换"相结合，可以帮助学生更深入地理解生命现象的科学基础。

确立教学的核心大概念是大概念教学逻辑架构的基础。通过精心选择和设计围绕这些大概念的教学内容，教师可以有效地指导学生探索和理解学科的核心思想和方法。

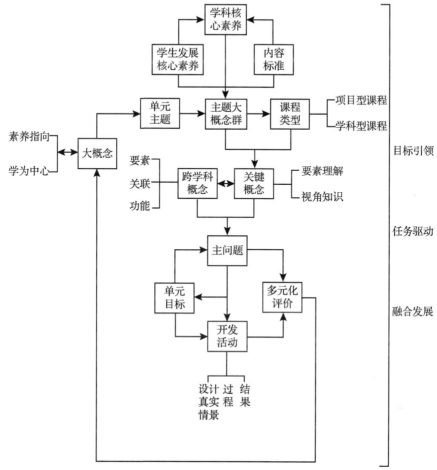

图 3-1 大概念架构关系 [①]

二、课程设计中的大概念整合

通过精心设计，将大概念整合进课程中，教师可以为学生提供一个丰富、动态和互动的学习环境。这种环境不仅有助于学生深入理解大概念，还能激发他们的好奇心和探究欲，培养他们的批判性思维和创新能力。

在大概念教学的逻辑架构中，课程设计的关键是如何有效整合选定的大概念，确保它们能够系统地贯穿整个教学过程。这一阶段的目标是创建一个连贯的学习体验，使学生能够逐渐构建和深化对大概念的理解。为了实现这一目

[①] 张秀.单元整合理念融入初中生物教学设计 ——以"动物的运动和行为"单元教学设计为例［J］.福建教育学院学报，2022（3）：60-62.

标，教师需要在课程设计中考虑如何将大概念与具体的教学内容、学习活动和学生的实际经验相结合。这意味着不仅要在理论层面上讲解概念，还要通过各种教学活动让学生亲自体验和实践这些概念。例如，在教授"生态平衡"的大概念时，可以通过组织实地考察、模拟生态系统的搭建和案例研究等活动，让学生亲身参与并观察生态系统的运作。教师应考虑如何在不同的教学阶段和不同的学习活动中重复和强化这些大概念。通过在课程的不同部分反复提及和探讨同一大概念，学生可以逐渐建立起对该概念的深入理解。在这个过程中，可以采用多种教学方法，如讲座、小组讨论、项目式学习和互动式工作坊，以适应不同学生的学习风格和兴趣。在课程设计中整合大概念需要考虑评估和反馈的机制。教师应设计有效的评估方法来衡量学生对大概念的理解程度，同时提供及时和有建设性的反馈，帮助学生改进和深化他们的理解。评估可以包括传统的书面考试、项目报告、口头报告以及学生的自我评估。

三、教学活动与学习路径的规划

在大概念教学的逻辑架构中，规划教学活动和学习路径是至关重要的，这些规划需要紧密围绕核心大概念展开，并鼓励学生的深入理解与主动学习。此阶段的关键是设计一系列既系统又灵活的教学活动，它们不仅覆盖大概念的关键方面，还能激发学生的探究精神和批判性思维。在规划教学活动时，教师需要创造多样化的学习体验，这些体验应该能够引导学生从不同角度理解和探索大概念。例如，活动可以包括实验和实践操作，让学生通过实际操作来理解复杂的科学原理；案例研究，让学生分析真实世界中的问题，应用所学知识寻找解决方案；角色扮演和模拟游戏，可以帮助学生理解历史事件或社会现象。教师应考虑如何在学习路径上融入不同的教学方法和技术。这可能包括传统的讲课和讨论，以及更现代的方法，如在线学习模块、视频教程和互动式学习平台。例如，在探讨"生态系统及其平衡"这一主题的综合课程中，教育工作者可以采用"微型生态的奥秘"作为教学案例，创建一个教学环境，其中学生们被邀请观察和分析同伴制作的生态瓶展示及相关活动视频。这些视频展示了不同生态瓶的构建过程及其维持平衡的能力———些生态瓶展现出长期稳定性，而其他则迅速失衡。学生们将探讨这些差异背后的原因。这种教学方式依托于学生参与"构建生态瓶"的亲身经历，通过这一简单模型，生动地展示了复杂生态系统的关键特征。生态瓶中的微观生态系统，从成分、结构、功能到稳定性维护的机制，都与较大生态系统有着相似之处。此类教学情境不仅有助于整合和深化学生对生态系统相关核心及次级概念的理解，而且能激发学生在更广泛的生态环境中应用这些知识，从而深刻领悟到生物与环境之间的相互依存、相互作用关系，能对生态多样性这一复杂概念进行全面理解。

　　教学活动的规划需要考虑学生的先验知识和学习进度。对于不同背景和能力的学生，教师可能需要调整教学活动的难度和深度，确保所有学生都能在自己的能力范围内得到挑战和成长。例如，对于高年级或更有经验的学生，可以设计更复杂的项目和深入的研究任务；对于初学者，可以从基础的概念入手，逐步提高难度。学习路径的规划应鼓励学生的自主学习和自我探索。教师可以设置开放式的问题和任务，让学生根据自己的兴趣和好奇心去探索相关主题。例如，在"生态系统及其稳定性"单元整合课中，基于"制作与观察小生态瓶"的真实情境，对于不同水平的学生可以确定不同的教学目标：①观察制作生态瓶的材料与过程，分析并阐述不同生态瓶稳定性差异的原因；②利用系统观、结构与功能观归纳生态系统维持稳定的机制；③利用稳态与平衡观和生态观解释校园池塘生态系统与湖泊生态系统稳定性的大小；④为城市人工湖泊生态系统的合理利用和维持可持续发展提出有价值的建议。这样的教学目标，从学生的认知水平和需要出发，清楚表述出所学知识、学习过程和素养发展方向，具有整体性、层次性、关联性、可评价性、特异性等特征。

四、教学资源和工具的有效运用

　　在大概念教学中，有效地利用教学资源和工具是实现教学目标的关键。教师需要选择和整合各种资源，如教科书、科学实验器材、数字媒体和在线平台，以支持和丰富大概念的教学。这些资源和工具的使用，不仅能够提高教学的效果，还能增加学习的互动性和实践性。在选择教学资源时，重要的是考虑它们如何能够有效地支持大概念的教学。例如，使用生动的视频和互动式模拟可以帮助学生更好地理解复杂的科学过程或历史事件。同时，利用在线讨论平台和协作工具可以促进学生之间的交流和合作，增强学习社群的感觉。实验和实践活动是大概念教学中不可或缺的部分。教师可以利用实验器材和实验室资源来设计实验，使学生通过亲身实践来探索科学原理。在社会科学和艺术领域，可以通过实地考察、采访项目和创意表达活动，让学生在实际的社会和文化环境中学习和体验。教师可以利用在线课程、教育软件和虚拟实验室等技术工具，提供更灵活和个性化的学习体验。这些技术不仅可以拓展传统课堂的边界，还能够提供更多样化的学习方式，适应不同学生的需求和偏好。教师也需要考虑如何将这些资源和工具整合进教学设计中，确保它们与课程目标和学习活动相一致。这可能需要教师不断探索和实验新的教学方法和技术应用，以找到最有效的方式支持学生的学习。

　　通过有效地利用教学资源和工具，大概念教学可以变得更加生动和富有成效。这种教学策略不仅有助于提高学生对大概念的理解，还能激发他们的好奇心和探究欲，为他们提供更加全面和深入的学习体验。

五、应对教学实施中的挑战

在大概念教学的实施过程中，教师可能会面临各种挑战。这些挑战包括如何确保教学内容的深度与广度，如何适应学生的多样化需求，以及如何有效利用有限的时间和资源。为了克服这些挑战，持续地反思和改进教学策略是必不可少的。

确保教学内容深度与广度的平衡是大概念教学的一个主要挑战。教师需要设计课程和活动，以便学生不仅能够理解大概念的基本要素，还能深入探索更复杂的问题和应用。这可能意味着在教学中要灵活地调整教学深度，根据学生的反应和理解程度进行适时调整。适应学生的多样化需求要求教师认识到每个学生的学习风格和能力可能截然不同。这需要教师设计多种不同的教学方法和活动，以满足不同学生的需求。例如，对于视觉学习者，可以使用更多的图表和视频材料；对于实践型学习者，则可以安排更多的实验和互动活动。有效地利用有限的教学时间和资源也是大概念教学中的一个挑战。教师需要在有限的时间内安排和执行一系列复杂的教学活动，同时确保这些活动能有效支持学生对大概念的理解。这可能需要教师进行仔细的规划和组织，以确保每个教学环节都能有效地促进学生的学习。

为了应对这些挑战，教师需要进行持续的自我反思和评估。这包括定期回顾教学实践，评估教学策略的有效性，以及根据学生的反馈和学习成果进行调整。并且与同事的交流和合作也非常重要，它可以帮助教师获得新的想法和策略，提高教学的质量和效果。

六、融入评估和反馈机制

在大概念教学中，融入有效的评估和反馈机制对于支持学生的学习和促进教师的教学发展至关重要。这些机制应该能够准确地衡量学生对大概念的理解程度，并提供及时的反馈，帮助学生改进学习方法，以便加深理解。

评估不仅限于传统的书面考试和测试，还应该包括对学生在项目、实验、讨论和其他互动活动中的表现的评估。这些多样化的评估方式可以更全面地反映学生的理解程度和学习进展。例如，通过项目报告和口头演讲的评估，教师可以了解学生如何将大概念应用于解决实际问题。此外，同行评价和自我评价也可以作为评估的一部分，鼓励学生批判性地思考自己和同伴的工作。

反馈是评估过程中不可或缺的一环。有效的反馈应该具体、及时，并且有建设性，它不仅应指出学生的不足之处，还应提供改进的建议和鼓励。例如，对于学生的项目报告，教师可以提供具体的反馈，指出报告的优点和需要改进的地方，并提供进一步探索的方向。在进行评估和反馈时，教师需要考虑学生的个体差异和学习风格。这意味着评估和反馈的方式应适应不同学生的需求。例如，对于需要更多指导的学生，教师可以提供更详细的反馈和更频繁的指导。对于自主学习能力较强的学生，教师可以鼓励他们进行更多的自我探索和反思。教师自身应对自己的教学实践进行评估和反思。这包括定期回顾课程设计、教学方法和评估策略，以及根据学生的反馈和学习成果进行调整。通过持续地自我提升，教师可以更有效地支持学生的学习，并不断提高自己的教学质量。

第四节　大概念教学的关键工具与资源

一、发掘和应用教学工具

在大概念教学中，选取合适的教学工具对于传达复杂概念至关重要。这些工具应该能够帮助学生以直观和互动的方式理解抽象的概念，从而深化他们的学习体验。选择的工具不仅要支持教学内容，还要符合学生的学习风格和教师的教学方法。在生物学教学中，关键的教学工具可能包括互动的数字平台、虚拟实验室、生物模型以及视频和动画资源。例如，使用动画展示细胞分裂的过程，可以帮助学生更直观地理解这一复杂过程。虚拟实验室则允许学生在安全的环境中进行实验，探索不同的科学假设和理论。

教学应用程序和在线资源也是大概念教学中的重要工具。这些资源可以提供丰富的信息和数据，使学生能够进行自我探索和学习。例如，通过在线教育平台，学生可以访问到各种科学文章、研究论文和互动练习，这些资源能够帮助他们拓宽知识视野，加深对生物学大概念的理解。在选择教学工具时，还需要考虑学生的年龄和认知水平。对于年轻的学生，使用图像丰富、互动性强的工具会更加有效。而对于高年级学生，可以使用更高级的工具，如复杂的模拟软件和科学数据库，以提供更深层次的学习体验。

教学工具的选择和应用是大概念教学策略的重要组成部分。通过有效利用这些工具，教师可以提高教学效果，同时激发学生的学习兴趣和参与度。

二、资源整合的策略与实践

大概念教学成功的实施依赖于多种教学资源的有效整合。这不仅涉及传统的教科书和课堂讲授材料，还包括外部资源和实地考察等多元化的学习途径。整合这些资源的目的是提供一个全面的学习环境，使学生能够从不同角度和层面理解并探索生物学的大概念。教科书仍然是传授基础知识的重要工具，但在大概念教学中，教科书的角色更多是作为知识框架和参考点。教师应引导学生不仅仅局限于教科书上的内容，而是应用这些基础知识去理解更广泛的概念和实际问题。例如，在学习遗传学的基础知识后，教师可以引导学生探索这些知识如何应用于遗传病的研究和治疗。外部资源，如科学期刊、在线课程、专题讲座和教育视频，可以提供更深入和更新颖的信息，帮助学生拓宽视野。通过引入这些资源，学生可以了解生物学领域的最新发展和研究，从而更好地理解生物学知识的实际应用和重要性。教师可以筛选合适的资源，并指导学生如何有效地利用这些资源进行自主学习。

实地考察和实验活动也是关键资源。通过组织学生参观科学博物馆、生物实验室或自然保护区，学生可以直接观察和体验生物学知识在实际中的应用。这些实践活动不仅加深了学生对生物学大概念的理解，还增强了他们的探究和实践能力。整合这些多样化的资源需要教师具备策划和组织的能力，同时需要对教学内容和目标有深刻的理解。教师应制定明确的教学计划，确定如何将这些资源融入课堂教学和学习活动中，并考虑如何根据学生的学习进度和兴趣进行调整。通过这种全面且综合的资源整合方式，大概念教学能够为学生提供一个丰富、动态的学习环境，促进他们对生物学核心概念的深入理解和应用。

三、不同教学阶段的工具与资源应用策略

在大概念教学中，针对不同的教学阶段选择和应用适当的工具与资源，是实现教学目标的关键。这要求教师根据学生在学习过程中的不同需求和成熟度，灵活调整教学策略和使用的资源。

在教学的初期阶段，目标是引发学生的兴趣和好奇心，并建立基础知识。此时，使用直观、易于理解的教学工具尤为重要。图表、基础视频教程和简化的模型可以帮助学生建立对生物学概念的初步理解。例如，通过动画视频展示细胞的结构和功能，可以使学生对这一复杂的概念有直观的认识。随着课程的深入，学生需要更深层次的知识探索和理解。这一阶段，教师可以引入更高级

的工具和资源，如详细的科学模拟软件①、实验室实验和高级教科书。这些资源能够提供更深入的学习材料，鼓励学生进行批判性思考和独立探究。例如，通过虚拟实验室进行基因编辑实验，学生可以探索现代生物技术的应用，并理解其对生物学研究的重要性。在课程的后期阶段，当学生已经建立了坚实的知识基础后，教师应鼓励他们应用所学知识解决实际问题。这时可以利用案例研究、实地考察和科研项目等资源，让学生将理论与实践相结合。例如，通过参与关于生物多样性保护的社区项目，学生可以将课堂上学到的知识应用于真实的环境问题中。

除选择合适的工具和资源，教师还需关注学生的反馈和学习成果，以此作为调整教学策略和使用资源的依据。通过观察学生的参与度、理解程度和兴趣点，教师可以更有效地调整教学方法，确保每个学生都能从课程中获益。在大概念教学中，教师需要根据教学的不同阶段和学生的学习情况，灵活运用各种教学工具和资源。这样不仅能够提升教学效果，还能激发学生的学习兴趣和探究欲。

四、跨学科资源的融合与应用

在中学生物学的教育中，跨学科资源的融合是实现大概念教学的重要策略。通过整合不同学科的视角和资源，教师可以提供一个更丰富、更全面的学习环境，使学生能够在更宽广的背景下理解和探索生物学的核心概念。

跨学科资源的融合需要教师对相关学科有深入的理解和认识。例如，在探讨生态系统的概念时，可以结合地理学、环境科学、化学甚至社会学的知识②③④。这种融合不仅拓宽了学生对生物学概念的理解，还促进了他们对科学与社会、环境之间相互作用的深入认识。在实际教学中，跨学科资源可以通过多种形式体现。例如，教师可以安排与其他学科教师的协作教学，共同设计和实施跨学科的项目或课程。通过这种合作，学生可以在统一的项目中同时学习和应用多个学科知识。除合作教学，还可以利用跨学科的案例研究和项目工作。例如，一个关于气候变化影响的项目可以结合生物学、化学、地理学和政治学的内容，让学生从多个角度分析和讨论这一全球性问题。这种实际的项目工作不仅有助于学生理解生物学知识在现实世界中的应用，还能提高他们的批

① 张军征，樊文芳．模拟软件促进科学课程探究学习的作用分析［J］．现代教育技术，2012（4）：34-39.
② 张伟，张宏业，张义丰．生态系统服务功能价值核算与地理学综合研究［J］．地理科学进展，2009（3）：465.
③ 李金健．基于科学思维的非选择题答题策略——以"生态系统及环境保护"二轮复习为例［J］．中学生物教学，2021（8）：74-77.
④ 李慧．全球变化背景下的河流生态系统代谢与碳生物地球化学研究［J］．水利水电快报，2023（3）：4.

判性思维和解决问题的能力。

数字技术和媒体也可以作为跨学科学习的重要资源。教师可以利用网络平台、在线课程和多媒体内容，向学生提供不同学科的视角和材料。这些资源的灵活性和可访问性使得跨学科学习变得更加易于实施和参与。通过跨学科资源的融合和应用，大概念教学能够为学生提供一个更加综合和多元的学习体验。这种教学方式不仅加深了学生对生物学核心概念的理解，还促进了他们的综合思维能力和跨学科知识的应用。

第五节　大概念教学路径的规划

一、设计教学路径的初步考虑

在规划大概念教学路径时，要考虑关乎于如何构建一个连续且有意义的学习旅程，这个旅程应能够引导学生逐渐深入理解生物学的核心概念。此过程需要细致规划，确保每个教学环节都能紧密联系，形成一个有机的整体。

对大概念教学路径规划的第一步是教学目标的设定。这些目标不仅涉及学生对生物学知识的理解，还包括他们的思维方式、解决问题的能力以及如何将所学应用于现实世界的问题。例如，在教学"输送血液的泵——心脏"时，教学目标可能包括理解心脏的运作方式、心脏对人体的重要性，以及如今常见的与心脏有关的一些疾病和其运行方式。

第二步是课程内容的选择和组织。教学内容需要细致划分，从基础的概念开始，逐步过渡到更复杂的主题。例如，"绿色植物与生物圈中的碳—氧平衡"单元中，可以先从光合作用和呼吸作用的消耗物与生成物讲起，再逐步引入光合作用与呼吸作用的具体作用机理。

在课程内容的安排上，教师需要考虑不同学生的学习速度和理解能力。这可能意味着为一些学生提供额外的资源或辅导，以确保他们能够跟上课程的进度。同时，教师应提供多样化的学习材料和活动，以满足不同学习风格的学生。教学路径的设计还需要考虑如何将理论与实践相结合。这可能包括实验室工作、项目研究、田野考察等，通过这些活动，学生可以将课堂上学到的理论知识应用于实际情境，从而加深理解并提升解决实际问题的能力。

通过这些步骤，教师可以设计出一个既系统又富有挑战性的教学路径，有助于学生全面且深入地理解生物学的大概念，并培养他们的综合素养。

二、关键概念的整合与教学路径构建

在大概念教学路径的规划中，关键概念的有效整合至关重要。教师需要将生物学的核心概念串联起来，形成一个连贯的教学脉络，以便学生能够系统地理解和吸收知识。构建教学路径时，应着重于如何将各个关键概念融合到教学活动中。例如，在遗传学单元中，可以将 DNA 复制、蛋白质合成、基因表达调控等概念串联起来，展示它们之间的内在联系。通过这种方式，学生可以更清晰地理解遗传信息从 DNA 到蛋白质的流动过程，以及这一过程对生物体功能和性状的影响。

教学路径的设计应考虑如何引导学生从基础概念逐步过渡到更高级的主题。这意味着教学内容的难度和深度需要根据学生的学习进展逐步提升。例如，可以先从遗传学的基础概念开始教学，随着学生理解的加深，逐渐引入更为复杂的遗传病例分析和遗传工程技术的讨论。在整合关键概念时，教师需要关注学生的认知发展和兴趣点。这可能涉及对不同学科[①]、教学材料和活动的个性化调整，以确保每位学生都能在自己的能力范围内得到挑战和成长。例如，对于对特定主题特别感兴趣的学生，可以提供深入的阅读材料或研究项目，以满足他们的探究欲望。

通过这种关键概念的整合和教学路径的精心设计，大概念教学能够有效地促进学生对生物学核心概念的深入理解，并为他们提供一个丰富多元的学习环境。

三、教学路径中实践活动的融入

在大概念教学路径的规划中，实践活动的融入起着至关重要的作用。这些活动能够将理论知识与实际操作相结合，从而增强学生对生物学概念的理解和应用能力。为了实现这一目标，教师需要设计多样的实践活动，这些活动不仅应与课程内容紧密相关，而且应激发学生的兴趣和参与度。

实验和实践操作是生物学教学中不可或缺的部分。通过在实验室进行实验，学生可以亲自观察和验证理论知识，如通过显微镜观察细胞结构，或进行 DNA 提取实验。这种亲身经历不仅加深了学生对生物学概念的理解，还培养了他们的科学探究能力。除了传统的实验操作外，项目式学习也是一种有效的实践活动形式[②]。在这类活动中，学生需要应用所学知识解决实际问题或进行

---

① 朱贝多. 基于跨学科的大概念教学路径探究［J］. 中学历史教学参考，2023（28）：75-78.
② 董瑞杰. 立足大情境：地理概念教学的优化路径［J］. 地理教学，2023（19）：14-18.

探究性研究。例如，可以让学生开展一个关于本地生态系统的研究项目，分析人类活动对生态系统的影响，并提出保护措施的建议。实地考察和野外调查也是拓展教学路径的重要手段。通过这些活动，学生可以在自然环境中观察生物学现象，了解生物在自然环境中的行为和相互作用。例如，通过对当地湿地或森林的考察，学生可以直接观察不同物种间的相互关系和生态系统的运作。

教学路径中还应考虑利用现代科技和数字工具来增强实践活动的效果。例如，利用虚拟现实技术进行生态系统模拟，或使用生物学软件进行基因序列分析。这些技术不仅为学生提供了新的学习途径，还增加了实践活动的趣味性和互动性。

通过这些实践活动的融入，大概念教学路径能够更加生动和有效，帮助学生将理论知识应用于实际操作中，从而加深对生物学核心概念的理解。

四、整合评估和反馈机制

在大概念教学路径中，评估和反馈机制的有效整合是至关重要的。它们不仅帮助教师监控学生的学习进展，还为学生提供了关于他们学习状况的重要信息，从而指导他们的学习方向和策略。

评估机制应多样化，包括传统的测试和考试，以及更加开放和探索性的评估方式，如项目评估、口头报告和同行评审。多样化的评估方法能够全面反映学生对生物学大概念的理解和应用能力。例如，除了标准化测试以检测学生对知识的掌握情况外，教师还可以通过学生的研究项目来评估他们的探究能力和创新思维。

反馈机制同样重要，它应当及时、具体且富有建设性。良好的反馈能够帮助学生理解自己在哪些方面做得好，在哪些方面需要改进，并提供具体的改进建议。教师可以通过书面评论、一对一讨论或者小组会议的形式，给予学生个性化的反馈。为了更有效地整合评估和反馈，教师可以设计一些反思活动，如学习日志或反思报告，让学生分析自己的学习过程和成果。这种自我评估的活动不仅促进了学生的自我意识，还培养了他们的自我调节学习的能力。教师还应该利用学生的反馈来合理地调整教学策略和课程内容。如果学生在某个特定主题上表现出困难，教师可能需要提供额外的资源或调整教学方法以满足学生的需求。通过对评估结果的分析和学生反馈的考虑，教师能不断优化教学路径，确保所有学生都能有效地学习和掌握生物学的大概念。

评估和反馈机制的有效整合对于提高教学质量和学生学习成效至关重要，它不仅帮助学生明确学习目标，还为教师提供了改进教学的依据。

五、教学路径中的技术和创新资源融合

大概念教学路径的构建中，将现代技术和创新资源与传统教学相结合，不仅可以增强学生对生物学概念的理解，还可以激发他们的探究兴趣和创新能力。在这一过程中，教师可以借助多种科技工具和创新方法，丰富和深化教学内容。

例如，使用虚拟实验室和在线模拟工具可以使学生在安全、可控的环境中进行实验探究，这不仅有助于加深对复杂生物过程的理解，还能培养学生的科学探究技能。通过这些工具，学生可以模拟自然界中的生物现象，例如，通过模拟实验的动画类视频观察 DNA 复制、蛋白质合成等过程。

在线学习平台提供了丰富的教育资源和个性化学习路径，让学生可以根据自己的学习节奏进行自主学习。平台中的视频讲座、互动测验和讨论区域，为学生提供了多元化的学习方式，加深了对生物学核心概念的理解。社交媒体和协作工具的使用可以增强学生之间的互动和协作。通过这些平台，学生能够分享自己的想法和研究成果，促进知识的交流和合作学习。在团队项目中，学生可以共同探讨生物学问题，发展团队合作和沟通能力。

教师在规划教学路径时，应考虑如何有效整合利用这些科技和创新资源，以支持和加强大概念的教学。同时，应注意保持教学内容的连贯性和逻辑性，确保学生能够系统地理解和掌握生物学的核心知识。

通过这种综合的教学方法，大概念教学不仅提高了学生对生物学知识的理解，还激发了他们的科学探究和创新思维，为未来的学术或职业发展奠定了坚实的基础。

第六节　实施大概念教学的行动策略

中学生物学教育工作者需深刻认识到传统教育模式中的局限性，并逐渐转向强化学生核心素养的培育。在这一教育理念的引领下，通过恰当地实施大概念教学法，学生的学习主体性得以充分激发。此外，教师能够基于学生个人特性，设计并采用符合自身特点的高效学习策略。这种教学方法不仅增强了学生对生物学的兴趣，还会显著提高学生们的学习效率。

一、多媒体进行教学策略

在当今科技迅猛发展的背景下，互联网和多媒体技术已成为教育领域不可或缺的重要工具。这些技术的应用极大地丰富了传统教学模式，有效提升了教学效果。特别是在生物学教学中，多媒体的运用能够激发学生对生物现象、概念和实验的浓厚兴趣，从而显著提高学习效率。

以种子发芽的教学为例，运用多媒体技术不仅能够生动展示生物学过程，还能培养学生对生命的认识和尊重。例如，教师通过播放一段草籽在砖缝中发芽的视频，引发学生的思考和讨论。当一名学生从意志力的角度解释草籽发芽时，教师引导学生从生物学的视角进行分析，指出种子发芽需要水分、氧气和适宜的温度等条件。然后，教师播放学生亲身体验种子发芽过程的录像，并进一步讨论种子发芽所需的能量。

通过这样的教学活动，教师不仅传授了生物学知识，还启发了学生从不同角度思考问题，并引导他们理解即使在艰难的环境中，生命也能通过吸收知识和营养来茁壮成长。这种教学方法有效地结合了多媒体技术和生物学教学，不仅提高了学生的学习兴趣和效率，还加深了他们对生命现象的理解和尊重。

二、生命教学策略

在新课程改革的指导下，实施生命教学对于提升学生的社会责任感具有重要意义。这种教学方法鼓励教师采用多元化的教学策略，以确保学生在技能、认知过程和情感层面得到全面发展，进而确保学生在学习过程中的主体性得到充分体现。中学生物教师应紧跟时代步伐，深入掌握生物学的基础知识，并致力于培养自身的综合素质，为深入探索生命科学的奥秘奠定坚实基础。

生命教学作为新课程标准下的创新教学方法，旨在激发学生对生命科学的深入探究，从而提高学习效率并培养科学思维能力。这种教学方法不仅将学生紧密团结在一起，充分挖掘和利用学生的智力与才能，还促进了学生对生物学领域的深入探索和研究。在多元化的生物学教学环境中，学生被鼓励全身心地投入学习过程中，探索新的生物学知识，从而提升他们的学习兴趣、效率和科学思考能力。

以"基因的显性和隐性"为例，这一教学主题不仅有助于培养学生的科学思维文化，还为多维度学习创造了条件。在课堂上，教师通过提出问题："你哪里长得像父母？"引发学生之间的热烈讨论。学生们积极参与，分享自己与父母相似或不同的特征，这不仅活跃了课堂气氛，也引导学生思考遗传学的基本概念。教师进一步引导学生思考为何有些人长得像他们的父母，而另一些人则不然，从而深入探讨基因的显性和隐性特征。通过这样的互动和讨论，学生能够更加深刻地理解基因的性质及其在遗传中的作用。

教师在这一过程中通过创造生动的教学环境，有效地提升了学生的学习动力和参与度。通过这种教学方式，学生不仅能够理解复杂的生物学概念，还能够培养批判性思维和解决问题的能力。这种教学方法的实施，不仅加深了学生对生物学知识的理解，还促进了他们科学素养的整体提升。

在课堂教学中，生物教师应创造生动、互动的学习环境，让学生沉浸在特定的生活情境中，以激发他们的情感共鸣和学习兴趣。鉴于生物学科在日常生活中的广泛应用，如新陈代谢、生老病死等常见生物现象，教师可以将这些现象与生物学知识相结合，拓宽学生的视野。例如，在探究"馒头在口腔中的变化"时，学生在观察现象前需设计相关问题，如咀嚼馒头产生甜味的原因、淀粉与唾液的反应等。通过先阅读书本再进行实验操作，并自行解释实验现象，学生的学习兴趣得以极大激发，他们在解决问题后获得的成就感促进了积极主动学习的良性循环。再如，在分析"护肤品广告"案例时，教师可通过播放短片的方式，引导学生思考生物活性的含义、持续时间等生物学知识。通过结合生活实际、运用多媒体教学手段，课堂教学更加贴近实际生活，提高了学生学习生物的兴趣，并帮助他们建立生物学科的核心素养。这种教学方法不仅提高了学生的学术水平，还培养了他们的社会责任感和科学探究能力，为他们的全面发展奠定了坚实基础。

三、促进学生互动：合作学习与小组讨论

在当代教育环境中，小组合作教学法被广泛认为是培养学生科学探索精神和集体意识的有效途径。无论是传统教学模式还是新型课堂教学模式，将学生组织成团队，充分利用他们的智力和才能，对于激发学生对生物学的兴趣和研究热情至关重要。通过小组合作，学生在分析和解决问题的过程中能够相互学习，取长补短，从而有效提升学习效率和团队协作能力。

在大概念教学框架下，促进学生间的互动和合作是提高教学效果的关键策略。通过小组学习和讨论，学生不仅能够从同伴那里获得不同的观点和方法，沟通和团队合作能力也将得到显著提升。

合作学习的核心在于让学生以小组形式共同工作，共同解决问题或完成项目。在这一过程中，每位学生都有机会展示自己的知识和技能，并从其他组员那里学习和吸收。例如，教师可以安排一个小组项目，让学生共同研究一个具体的生物学主题，如生态系统的平衡或遗传疾病的研究。在这类活动中，学生

需要共同讨论、规划实验并分析数据。这种方法不仅加深了他们对生物学概念的理解，还锻炼了他们的合作、沟通和批判性思维能力。通过这样的教学实践，学生能够在实际操作中体验科学探索的过程，培养解决实际问题的能力，为他们未来的学术和职业生涯打下坚实基础。

通过讨论，学生可以分享自己的想法和观点，同时听取并考虑他人的见解。这种活动鼓励学生积极参与课堂讨论，提高他们的批判性思维能力和语言表达能力。教师可以提出开放性的问题或当前的科学争议，激发学生的讨论和思考。

在实施这些互动活动时，教师需要注意小组成员的组合和互动质量。应该鼓励每个学生在小组中发挥作用，确保所有学生都有机会参与和贡献。此外，教师可以通过观察和指导，帮助学生提高他们的合作和讨论技能。

通过这种以合作为基础的学习方法，学生不仅能够更深入地理解生物学的大概念，还能够在实际情境中应用所学知识。这种教学策略有助于培养学生的团队精神、沟通技巧和批判性思维能力，为他们未来的学术和职业生涯打下坚实基础。

四、实验教学策略

核心素质培养的教学目的是培养学生的核心素质，激发学生研究和解决问题的积极性及创造性思维。如何根据生物学的核心素质来设计教学目标，是许多教育工作者面临的难题。生物是一门以观察和实验为基础的学科，在生物教学中，学生实验、观察等学习环节对学生掌握生物学知识、培养能力、形成科学素养都非常重要[1]。所以应把生物实验作为最重要的出发点，它是辅佐学生探求生物学最基本和最重要的方法。初中生物实验包括演示实验、学生实验和课外实验，它们都是很好的素材，只要教师对它们合理地加以应用，一定会在教学中起着举足轻重的作用[2]。例如，以"细胞的基础构造"一节为例，将科学探究导入课堂。让学生能初步熟悉显微镜，画出细胞的简略结构，并分辨出不同的细胞结构。同时，在探索的过程中，教师要引导学生主动动手，积极思考，了解生命科学的真谛，并逐渐提高学生的分析和解决问题的能力。

五、情境教学策略

创造问题情境是一种有效的教学方法，旨在促进学生的理性思考并培养其

---

① 王立娟.初中生物实验教学策略［J］.华夏教师，2021（36）：79-80.
② 冯周娣.基于核心素养发展的初中生物教学策略［J］.知识文库，2022（11）：142-144.

核心能力①②。例如，在学生掌握了传染病和免疫知识后，教师可以以感冒为话题建立一个问题环境，引导学生深入理解和掌握相关知识。教师可以提出问题，如"为什么感冒时喉咙会疼痛？""为何体温升高，食欲下降？""为何会感到寒冷？"等，激发学生利用已学知识进行深入分析、讨论，并做出合理的解释和判断。

以艾滋病为例，这是一种严重威胁人类生命健康的传染性疾病。教师可以利用这一话题对学生进行教育，如组织学生分组进行调查，充分了解艾滋病的传播途径、病因、病程、对人类的影响以及防治措施。通过书本和网络资源，学生可以获得全面的信息，增强对这一重要公共卫生问题的认识。

在"开花与结果"的教学中，通过小组学习活动促进学生的研究工作。教师可以展示不同种类的花，并引导学生观察和讨论花的美丽之处。通过提问和讨论，教师引导学生认识到花的不同结构，如花瓣、雄蕊、雌蕊、花萼等，并解释这些结构的功能。然后，学生分组选择一种花，识别其不同结构，并讨论其功能。这样的活动不仅增强了学生对植物学知识的理解，还促进了他们对授粉和受精过程的学习。通过小组学习，学生们能够相互交流，共同学习，从而增强了合作意识和提高了知识水平，为未来的学习和发展奠定了坚实的基础。

六、探索与实践教学策略

加强学生的探索和实践能力是教育过程中的关键环节。教师在这一过程中扮演着至关重要的角色，他们需要为学生提供有效地引导，设计具有科学价值的问题，并提出相关的研究方案。这要求教师不仅要深入了解学生的实际问题，还能够激发学生的积极参与和探索兴趣。学生在教师的指导下，应积极收集相关材料，制定详细的研究计划，并进行严谨的记录和分析，最终得出科学且合理的结论。

以种子的结构和形态研究为例，教师可以将学生分成若干小组，每组负责不同的任务和角色。例如，一组学生负责观察种子一周内的生长情况，另一组观察种子十五天内的萌发情况，最后一组记录整个三十天的种子发芽过程。每个小组都需详细记录观察数据，并将这些数据汇总，形成结构化的研究结果。这种分组合作的学习方法不仅能够有效提高学生的合作能力，还能增强他们的实践和研究技能。通过这样的实践活动，学生能够更深入地理解生物学概念，同时培养他们的观察力、分析力和团队协作能力。这种以实践为导向的教学方

① 陈荣.情境教学策略探究［J］.小学科学（教师版），2020（6）：138.
② 张婉.情境教学策略探讨［J］.小学科学（教师版），2019（1）：98.

法，对于学生未来的学术发展和综合素质提升具有重要意义。

七、个性化和差异化教学策略

在实施大概念教学中，考虑个性化和差异化教学对于满足学生的独特学习需求至关重要。这种教学方法强调根据每个学生的能力、兴趣和学习风格来调整教学内容和方法，以确保所有学生都能有效地参与和学习。[①]

个性化教学的关键在于识别每个学生的学习特点和需求。这可能涉及对学生的学习能力、知识背景和兴趣爱好进行评估。基于这些评估结果，教师可以为学生提供定制化的学习材料和活动，如针对不同能力水平的学生设计不同难度的任务和项目。

差异化教学注重提供多样化的教学方法和活动，以适应学生的不同学习风格。例如，对于那些偏好视觉学习的学生，可以使用图表、视频和模型；而对于喜欢动手操作的学生，可以多安排实验和实践活动。通过这样的方法，学生可以在最适合自己的方式中学习，从而提高学习效率和兴趣。

在实施个性化和差异化教学时，教师需要考虑如何维持课堂的整体进度和结构。这意味着在满足个别学生需求的同时，还要确保整个班级都能按时完成教学计划。因此，教师需要具备灵活性和创造性，以便能够有效地平衡和整合各种教学需求和资源。

通过个性化和差异化教学的应用，大概念教学能够更加贴近学生的实际情况，提供更加丰富和有意义的学习体验。这种教学方法不仅有助于提高学生的学习动力和参与度，还能够促进他们对生物学大概念的深入理解。

---

① 赵宇博，张丽萍，闫盛，侯敏，高茂.个性化学习中学科知识图谱构建与应用综述［J］.计算机工程与应用，2023（10）：1–21.

第四章 大概念教学在中学生物学核心素养培养中的整合性应用

科学教育不应该传授给孩子支离破碎、脱离生活的抽象理论和事实，而是应慎重选择一些重要的科学观念，用恰当、生动的方法，帮助孩子们建立一个完整的对世界的理解。《义务教育生物学课程标准（2022年版）》提出"学习主题为框架，内容聚焦大概念"的课程理念。教师要围绕大概念组织教学，使知识结构化，以大概念的核心内涵为纲，将相关的重要概念、次位概念按照其内在逻辑关系编织成网络化的概念体系①。这需要教师引导学生将不同时空里获得的零散知识进行有逻辑的整合，使其产生非任意的和实质性的联系，也就是有逻辑的合理联系和具有意义的联系。

第一节 在中学生物学核心素养框架内实施单元内整合性教学

一、聚焦大概念的单元设计与实施②

在中学生物学教学中，依据《义务教育生物学课程标准（2022年版）》，重要的是将学习主题围绕大概念构建，以此为基础设计和实施教学单元。这种方法强调知识的结构化，使学生通过逻辑整合获得的零散知识产生非任意和实质性的联系。

---

① 竹艳芳．儿童应学什么？怎么学？［N］．中国教师报，2013-07-10.
② 郑达钊．促进大概念建构的单元整合课教学设计——以义务教育段"生态系统及其稳定性"为例［J］．教育科学论坛，2023（28）：52-54.

以人教版《生物》（七年级上册）"生物和生物圈"单元为例，这个单元涵盖了生物与环境相互依赖和影响的大概念。在设计该单元时，教师应围绕生态系统的成分、食物链和网、物质循环、能量流动等关键概念进行教学。这些概念被织入一个有机的、网络化的结构中，使学生能够在完成单元学习后，不仅掌握单个概念，而且理解它们之间的内在逻辑关系。教学过程大致分为情境设定、目标确立、问题设计以及理论与实践。

（一）情境设定

在"生态系统及其稳定性"单元中，教师可以通过具体的情境设置来引导学生进行概念整合。例如，通过观察并分析学生制作的生态瓶，学生可以探索不同条件下生态瓶维持稳定的原因。这个实践活动不仅帮助学生理解生态系统的组成和功能，还促使他们思考如何在更大的生态系统中应用这些知识。

（二）教学目标确立

确立教学目标时，重要的是聚焦于学生核心素养的发展。教师应将目标定位在科学思维、探究实践、综合创新等关键能力的提升上。例如，在"生态系统及其稳定性"单元中，教学目标可能包括观察和分析生态瓶的稳定性，应用生态观念解释不同生态系统的特性，以及提出保持生态系统稳定性的策略。

（三）问题确立

问题设计应促进学生由表及里的概念建构。在上述单元中，教师可以设计一系列问题，引导学生从观察生态瓶的现象出发，逐步深入探讨生态系统维持稳定的原理。学生活动应结合实际操作与思考，如制作生态瓶、分析生态系统的成分和功能，以及探讨如何将所学应用于实际生态系统的管理。

（四）理论到实践

迁移应用是将课堂学习与实际生活联系起来的关键环节。在本单元的教学过程中，学生通过制作生态瓶这一实践活动，能够将课堂所学的生态概念应用于一个微型生态系统的构建和分析。讲一步地，他们可以将这些知识迁移到理解和评估现实世界中的生态系统，如城市人工湖泊，从而形成对生态系统复杂性的深刻理解。

通过这种整合性的教学方法，学生不仅能够掌握生物学的关键概念，还能够发展他们的科学思维和问题解决能力。这种以大概念为中心的教学模式，使学生能够在更广阔的背景下理解和应用所学知识，为他们今后的学术和生活提供坚实的基础。

二、促进实践活动与深度学习

实践活动在促进学生深度学习和理解生物学大概念方面起着至关重要的作

用。在设计单元内整合性教学时，教师应将理论与实践紧密结合，通过各种实践活动使学生能够体验和应用所学知识，从而加深对生物学概念的理解。以"绿色植物与生物圈的水循环"单元为例，除生态瓶实验外，教师可以设计更多与生态系统相关的实践活动。例如，组织学生到附近的湿地或森林进行现场考察，观察和记录不同生物之间的相互作用及其对环境的影响。通过这些活动，学生可以直观地理解生物多样性、食物网和生态系统稳定性等概念，并能够看到这些概念在真实世界中的具体体现。

为了加强学生对生物学大概念的理解，教师可以采取多种教学策略。通过提问和讨论引导学生深入思考，如讨论为什么生态系统需要维持多样性，或者探讨人类活动如何影响生态系统的平衡。这些讨论不仅可以激发学生的好奇心，还可以帮助他们形成批判性和反思性思维。利用案例研究和项目式学习，教师可以鼓励学生将所学的概念应用于解决实际问题中。例如，学生可以研究一个特定生态系统的案例，分析其中存在的问题，如物种濒危、生境破坏等，并提出解决方案。这种方法不仅促进了学生对大概念的深入理解，还培养了他们的问题解决能力和创新思维。

在单元教学的实施过程中，评估和反馈对于学生的学习至关重要。通过定期的评估，教师可以了解学生对生物学概念的掌握程度，能及时调整教学策略以满足学生的学习需求。评估方式可以多样，包括传统的测试、报告、项目展示等。重要的是，评估应该关注学生对概念的理解深度，而不仅仅是对事实的记忆。正确的反馈不仅应该指出学生的不足，还应提供指导和鼓励，帮助他们改进和提高。有效的反馈可以激发学生的学习兴趣和自我提升的动力，促进他们对生物学概念的深入理解和应用。

通过实践活动和深入探究，学生不仅在单元内掌握了生物学的核心概念，还形成了对生物学知识的深刻理解和应用能力。这种教学方式为学生提供了一个全面、丰富的学习体验，为他们未来的学术和职业生涯奠定了坚实的基础。

三、实现跨学科学习的有效融合

在单元内整合性教学中，跨学科学习的融合对于学生理解生物学的大概念至关重要。通过将生物学与其他学科领域如地理学、化学和物理学相结合，学生能够获得更为全面的知识视角，理解生物学概念在更广阔的科学范畴内的应用。例如，在探讨"生物圈中的绿色植物"的单元时，绿色植物的概念可以扩展到多个学科领域。在生物学中，学生学习绿色植物内部生物之间的相互作用；在化学中，他们探索绿色植物与环境中化学物质的循环过程；在物理学中，学生可能会研究光能在绿色植物中的流动。这样的跨学科视角可以帮助学生构建起对生态系统多层次的理解。

在教学实践中，跨学科整合需要教师精心策划和设计。实现这一目标的关键在于创造真实且具有启发性的学习场景，激发学生的探究兴趣，并引导他们在不同学科间建立联系。这样的活动使学生能够从实践中理解理论，并学会如何将不同学科的知识应用于解决具体问题。

跨学科的整合性教学不仅增加了学生对生物学概念的理解，还培养了他们的综合思维能力和解决实际问题的技能。通过在不同学科之间建立联系，学生能够发展更为全面和深入的科学理解，为他们的未来学习和职业发展打下坚实的基础。跨学科整合在单元内整合性教学中不仅丰富了学生的学习内容，还为他们提供了一个更加广阔的知识视野，帮助他们建立起科学概念的综合理解和应用能力。

四、利用现代技术和数字工具增强学习体验

现代技术和数字工具的应用在实施生物学单元内的整合性教学中对于提升学生学习的互动性和动力有着至关重要的作用。这些工具不仅提供了新的学习资源，还创造了新的学习方式，使学生能够更加深入和主动地探索生物学的复杂概念。

多媒体教学资源，如视频、动画和互动模拟，可以使抽象的生物学概念变得生动和易于理解。例如，在学习细胞结构和功能时，动画可以直观地展示细胞内的各种生物化学过程。互动模拟则允许学生通过虚拟实验来观察和操作生物学现象，如模拟基因编辑的过程，这种实践能够加深学生对遗传学原理的理解。在线学习平台和资源提供了一个灵活且丰富的学习环境，使学生能够根据自己的节奏和兴趣进行学习。通过访问在线课程、科学数据库和电子图书馆，学生可以接触到最新的生物学研究和发现，从而保持学习内容的现代性和相关性。此外，网络论坛和讨论组也为学生提供了一个与同学和教师交流想法的平台，促进了学习的社会化。

在教学评估方面，数字工具如在线测试和学习管理系统可以提供及时和个性化的反馈，帮助学生识别自己的学习强项和弱点。教师可以利用这些工具追踪学生的进步，调整教学策略，以更好地满足学生的学习需求。现代技术和数字工具的应用不仅使生物学学习更加生动和互动，还提供了新的教学和评估方法，有助于提升学生的学习动力和成就感。通过这些工具，教师可以更有效地实施整合性教学，同时培养学生的自主学习能力和科学素养。

五、融入评价和反馈机制

在单元内整合性教学中，评价和反馈机制的融入对于确保学生对生物学大概念的全面理解和掌握至关重要。有效的评价和反馈不仅帮助学生识别学习中的不足，还激励他们进行自我改进和深入学习。

评价方法应多元化，既包括传统的笔试和口试，也包括项目报告、实验操作、小组讨论和自我评估等多种形式。例如，在"生态系统及其稳定性"的单元中，学生的评价可以基于他们在实地考察、实验设计和小组讨论中的表现，而不仅仅是对理论知识的掌握。这样的评价方法更能全面反映学生的理解深度和应用能力。反馈应是及时和具体的，针对学生在学习过程中的具体表现和需求。教师可以提供指导意见，帮助学生理解概念中的复杂部分，或者建议如何改进他们的实验设计和研究方法。例如，如果学生在理解食物链和食物网的相互关系方面遇到困难，教师可以提供额外的资源或安排小组讨论，帮助他们深入理解。

技术工具的使用，如在线测验和学习管理系统，可以为教师提供实时的学生学习数据，帮助他们更有效地进行教学调整。通过这些工具，教师可以迅速了解学生对某一概念的掌握程度，及时调整教学策略或提供必要的补充材料，进而对学生进行评价与反馈。除了教师的评价和反馈，鼓励学生进行自我评估和反思也非常重要。教师可以引导学生定期回顾自己的学习进展，反思自己在理解复杂概念或完成实践任务方面的挑战和成就。这种自我评估有助于学生发展批判性思维和自主学习能力。

通过这样的评价和反馈机制，学生能够在整合性教学过程中获得必要的支持，确保他们对生物学的大概念有深入和全面的理解。这不仅提高了学生的学术成就，还培养了他们的自我反思和持续学习能力。

六、持续促进学生参与和动机

在实施单元内整合性教学的过程中，维持学生的参与度和学习动机是实现有效教学的关键因素。教师需要采取多种策略，确保学生对生物学的大概念不仅理解深刻，而且能够积极地应用所学知识。

激发学生对生物学主题的兴趣和好奇心是提高他们参与度的重要途径。教师可以通过呈现生物学在现实世界中的应用，如环境保护、遗传工程、生物多样性等话题，来吸引学生的注意力。例如，在学习"生态系统及其稳定性"时，可以讨论当前的环境问题，如全球变暖对生态系统的影响，让学生理解这些科学概念与他们的生活密切相关。通过互动和合作学习，学生可以在小组讨论、实验设计和项目工作中相互交流和学习。这种方法不仅增强了学生之间的交流，还促进了他们对科学概念的深入理解。例如，在实验活动中，学生可以分组探索不同因素对生态系统稳定性的影响，并共同分析结果。设置具有挑战性的任务可以激励学生深入探索生物学的复杂问题，并促进他们的问题解决能力。这些任务应与学生的能力水平相适应，既具有挑战性，又能够成功完成。例如，可以要求学生设计一个模拟实验，来探究不同环境条件下生态系统的变化。

正向激励和认可对于保持学生学习动机至关重要。教师应该认可学生的努力和成就，无论是课堂上的表现还是项目和实验中的贡献。通过赞扬、奖励或展示学生的工作，可以提高他们的自尊心和自信心，从而增强他们的学习动力。当学生对学习内容感兴趣，并且感到他们的努力被认可时，他们更可能投入学习中，并取得更好的学习成果。最终，这种教学方式不仅帮助学生全面掌握生物学的核心概念，还培养了他们的自主学习能力和科学素养。

第二节　单元间的整合型教学在中学生物学核心素养培养中的应用

在中学生物学教育中，单元间的整合性教学对于培养学生的核心素养至关重要。这种教学方法不仅要求在每个单独的教学单元内实现知识和技能的整合，还需要在不同单元之间建立联系，形成连贯的知识体系。这样，学生可以更加全面和深入地理解生物学的核心概念，并在不同的生物学主题之间看到联系。

一、整合型教学的实践：生物多样性与细胞生物学

以生物多样性和细胞生物学两个单元为例，我们可以看到如何实现这两个看似独立的主题之间的整合。在生物多样性单元中，学生学习不同生物种类的特点、分类以及生态系统中的角色。在细胞生物学单元中，学生则专注于生命的基本单位——细胞，了解细胞的结构、功能以及如何维持生命活动。

为了整合这两个单元，教师可以引导学生探讨如何从细胞层面理解生物多样性。例如，可以讨论不同生物细胞结构的差异如何导致功能的多样性，或者

如何通过细胞水平上的相似性来解释不同生物之间的进化联系。通过这种方法，学生不仅能够理解每个单元的核心概念，还能够看到这些概念如何相互联系，形成一个更加全面的生物学视野。

项目式学习是实现单元间整合的有效工具。教师可以设计跨单元的项目，让学生将生物多样性和细胞生物学的知识应用于实际问题的解决中。例如，可以让学生进行一个研究项目，探索某一特定环境中生物多样性的变化，以及这些变化如何与生物细胞层面的过程相关联。在这个项目中，学生需要调查和收集数据，如不同生物种群的数量、生态位、生存环境等，然后分析这些数据如何与细胞层面的过程——比如光合作用、呼吸作用或细胞分裂——相关联。这样的项目不仅促进了学生对生物学概念的深入理解，还提高了他们的研究和分析能力。

通过单元间的整合型教学，学生能够建立起生物学知识的连贯性，从而更加深刻地理解和应用这些知识。这种教学方式不仅有助于学生掌握具体的生物学知识，还培养了他们的综合思维能力，为今后的学术和职业生涯奠定了坚实基础。

二、建立不同生物学主题间的联系

为了加强学生对生物学大概念的理解，单元间的整合型教学需要精心设计，以确保不同生物学主题之间的知识和技能能够相互支持和增强。这种整合不仅涉及学科知识的纵向深入，还包括对学科知识的横向拓展，使学生能够在更广阔的背景下理解和应用生物学概念。

例如，遗传学与生态学两个单元主题的连接，考虑遗传学和生态学两个单元。在遗传学单元中，学生学习基因、遗传规律以及 DNA 的结构和功能。在生态学单元中，重点是生态系统的组成、能量流动和物质循环。要整合这两个单元，教师可以引导学生探讨基因对生物在特定生态系统中的适应性如何产生影响。通过研究某一物种在特定环境下的遗传变异，学生可以理解遗传学和生态学是如何相互作用，共同影响生物的生存和繁衍。这种跨单元的整合不仅加深了学生对遗传学和生态学的理解，还帮助他们看到生物学内部不同领域之间的联系。

单元间整合型教学的一个重要方面是跨学科整合。例如，将生物学与化学、物理学或地理学相结合，可以帮助学生更全面地理解生物现象。在遗传学单元中，学生可以学习 DNA 复制和蛋白质合成过程中的化学反应。在生态学单元中，他们可以探究物理环境因素（如温度、湿度）对生态系统的影响。为了实现有效的单元间整合，教师可以采用案例研究和实践项目等教学策略。通过研究具体的生物学案例或参与科学实践项目，如案例生物圈 1 号和生物圈 2 号，学生可以将理论知识应用于解决实际问题中。这种方法不仅提高了学习的实用性，也促进了学生批判性思维和创新能力的发展。

教师可以设计一个以保护濒危物种为主题的项目，让学生综合运用遗传学和生态学的知识，研究物种濒危的原因，并提出保护策略。在这个项目中，学生需要收集数据、进行分析，并制定解决方案，这不仅加深了他们对相关生物学概念的理解，还锻炼了他们研究和解决问题的能力。

单元间的整合型教学通过连接不同生物学主题，为学生提供了一个全面、互联的学习体验。这种教学方式不仅加深了学生对生物学核心概念的理解，还培养了他们的跨学科思维和综合应用能力。通过这样的教学实践，学生能够更好地准备应对未来的学术挑战和职业发展。

三 、利用多媒体和技术工具强化教学

在单元间整合型教学中，多媒体和技术工具的应用对于激发学生的学习兴趣和参与度至关重要。这些工具能够以更直观、互动的方式呈现复杂的生物学概念，帮助学生更好地理解和记忆。

比如，多媒体在生物多样性和细胞生物学教学中的运用。在生物多样性单元中，多媒体资源如视频和互动图表可以生动地展示不同生物在自然界中的生存环境和行为特征。例如，通过观看不同生态系统的纪录片，学生不仅可以直观地了解生物多样性，还能感受到生物之间以及生物与环境之间的相互作用和依赖关系。

在"细胞是生命活动的基本单位"，互动模拟软件可以帮助学生深入理解细胞结构和功能。例如，通过虚拟细胞实验室，学生可以模拟细胞分裂过程，观察 DNA 复制和染色体分离等微观过程，从而更加深刻地理解细胞生物学的基本原理。技术工具还能增强教学的互动性。教师可以利用在线讨论板、问卷调查和即时反馈工具促进学生的参与和讨论。例如，在探讨生物多样性保护的课题时，学生可以在线上分享他们的观点，进行群体讨论，甚至可以参与在线辩论，以增强对课题的理解和投入。利用技术工具，教师可以为学生提供个性化的学习路径。通过在线学习平台，学生可以根据自己的兴趣和学习速度选择不同的学习材料和活动。这种灵活性不仅能够满足不同学生的学习需求，还能增强他们的学习动机和自主学习能力。

在实施单元间的整合型教学时，技术的运用应该贯穿整个教学过程。从提供初始信息的入门视频到最终的项目展示，技术工具的使用都应该旨在加强学生对生物学概念的理解，提高他们的分析、批判和创造能力。

四、加强合作学习与小组项目的应用

在单元间的整合型教学中，合作学习和小组项目是促进学生之间相互学习和支持的重要途径。通过团队合作，学生不仅能够共同探索和解决问题，还能够在过程中学习到如何沟通、协作和尊重他人的观点。

合作学习可以在生物学的多个主题中得到应用。例如，在生物多样性单元中，学生可以分成小组，每组负责研究特定生态系统中的一个生物类群，如昆虫、鸟类或哺乳动物。每个小组收集信息，分析其在生态系统中的作用，并与其他小组分享他们的发现，共同构建对该生态系统的全面理解。在细胞生物学单元中，学生可以合作进行实验，如观察不同条件下细胞的行为，或者探究环境因素对细胞功能的影响。通过这种合作，学生能够学习实验设计和数据分析的技能，同时能够从同伴那里学习到不同的解决问题的方法。生态系统中循环，如图 4-1 所示。

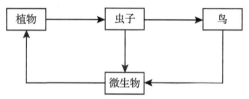

图 4-1　生态系统中物质循环示意

小组项目应设计得既具有挑战性，又能激发学生的兴趣。项目的主题应与单元间整合的目标相符，鼓励学生应用和整合来自不同单元的知识。例如，一个可能的项目主题是"环境变化对本地生态系统的影响"，其中学生需要调查特定环境变化（如气候变暖、污染）对本地生态系统中不同物种的影响，并探讨这些变化在细胞水平上的可能机制。在实施小组项目时，教师应提供必要的资源和支持，并定期检查学生的进展，确保每个学生都能积极参与。完成项目后，每个小组应有机会展示他们的发现，从而促进班级内的知识共享和讨论。

通过合作学习和小组项目，学生不仅能够增强对生物学概念的理解，还能够提高他们的社交和沟通技能。学生在团队合作中学习倾听他人观点，表达自己的想法，并共同寻求解决方案。这些技能对于他们的个人成长和未来的职业生涯都非常重要。

五、现场考察和实地研学的融入

为了进一步加强单元间整合型教学的实效，将现场考察和实地研学活动融入课程是非常重要的。这些活动不仅使学生能够将课堂上学到的知识与现实世

界的生物学现象直接联系起来，还提供了宝贵的实践经验，加深对生物学概念的理解和应用。

实地研学在学习生物多样性上有非常好的积极作用。例如，在学习生物多样性单元时，教师可以组织学生进行实地考察，如访问当地的自然保护区或湿地公园。学生可以在这些活动中亲身观察和记录不同生物种类的特征、行为和相互关系。通过实地观察，学生可以更加深刻地理解生物多样性的重要性和生态系统的复杂性。北京城市绿心森林公园如图 4-2 所示。

图 4-2　北京城市绿心森林公园

在细胞生物学单元中，实地研学可以包括访问科学实验室，观察细胞培养和显微镜下的细胞结构。学生可以通过实验室技术人员的指导，了解如何使用显微镜观察细胞，学习细胞制备和染色的技术。这种亲身体验有助于学生将课堂上的理论知识与实验操作相结合，增强对细胞学基础的理解。这种将实地考察和研学活动融入整合型教学的做法，为学生提供了直接接触自然和科学研究的机会。这不仅有助于激发学生对生物学的兴趣，还能够提升他们的观察力、分析能力和批判性思维能力。通过实地考察和研学，学生能够将课堂上学习的抽象概念与现实世界中具体的生物学现象联系起来。这种联系不仅加深了他们对生物学概念的理解，还使他们认识到学习生物学的实际意义和应用价值。

六、课堂讨论和反思活动的重要性

为了加强学生对生物学核心概念的理解，课堂讨论和反思活动在单元间整合型教学中起着至关重要的作用。这些活动不仅促进了学生之间的思想交流，还帮助他们深化理解，并发展批判性思维和解决问题的能力。

在生物学的教学中，课堂讨论可以作为一种有效的工具，帮助学生整合不同单元中的知识。例如，教师可以组织一个关于如何保护生物多样性的讨论，鼓励学生从遗传学、生态学和细胞生物学的角度出发，探讨可能的保护策略。这种多角度的讨论有助于学生理解生物多样性保护的复杂性，并促使他们将学到的知识应用于实际问题的解决中。

反思活动是一种增强学生理解和应用知识的有效方式。教师可以安排定期的反思活动，要求学生回顾和思考他们在学习不同生物学单元时的体验和收获。通过写作、讨论或展示，学生可以分享他们如何将不同单元的知识联系起来，以及这些知识如何帮助他们更好地理解生物学的大概念。通过课堂讨论和反思活动，学生不仅在知识层面上实现了整合，还在认知和情感层面上得到了发展。他们学会了如何思考复杂的生物学问题，如何在不同的学科知识之间寻找联系，以及如何将所学应用于现实世界的问题。在教学实践中，教师应创造机会和空间，让学生进行深入的讨论和反思。这不仅有助于学生加深对生物学概念的理解，还能够激发他们的好奇心和探究欲，使他们成为积极主动的学习者。这种教学方法不仅提高了学生的学术成就，还促进了他们的个人成长和综合素养的发展，为他们未来的学习和生活奠定了坚实的基础。

第三节　跨单元整合性教学在中学生物学核心素养培养中的作用

一、跨单元整合性教学的核心概念

跨单元整合性教学在中学生物学中扮演着至关重要的角色。这种教学方法致力于跨越不同教学单元的界限，将生物学的多个方面紧密联系起来，从而为学生提供一个更加全面和连贯的学习体验。这种整合不仅涉及知识点的相互联系，更重要的是促进了概念理解的深化和应用能力的提升。①

一个典型的例子是将遗传学与进化论的教学单元相结合。遗传学教学涉及基因、遗传规律和DNA结构，而进化论探讨物种的起源、进化过程和生物多样性。在传统教学中，这两个单元往往被分开教授，但通过跨单元整合，学生可以理解基因如何影响物种的进化过程，以及进化论是如何在遗传层面上得到证实的。例如，教师可以通过研究特定物种的遗传变异来展示自然选择的过程。学生可以探讨不同遗传变异如何影响物种的生存和繁衍，以及这些变异如何在长时间的进化过程中积累，从而导致新物种的产生。这样的教学不仅加深了学生对遗传学和进化论的理解，还帮助他们将两个领域的知识应用于实际问题的解决。DNA螺旋结构如图4-3所示。

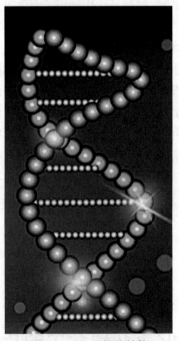

图4-3　DNA螺旋结构

为了实现有效的跨单元整合，教师需要采取多种策略。首先，教学计划应该设计得既有深度又有广度，确保不同单元之间的知识点能够相互补充和联系。其次，教学活动应该鼓励学生进行探究和批判性思考，使他们能够独立地发现不同单元之间的关联。此外，实验和项目式学习活动可以为学生提供直接

① 贺宇.基于大概念的初中生物单元整合教学策略研究——以北师大版第五章"绿色开花植物的生活方式"单元复习课为例［J］.教育科学论坛，2021（16）：11-13.

体验和应用所学知识的机会。跨单元整合性教学的实施需要教师具备创新和灵活的教学方法，以便有效地连接不同生物学单元的知识点。这种教学方式不仅有助于学生形成一个更为全面的生物学知识体系，而且促进了他们对生物学核心概念的深刻理解和应用能力的提升。

例如，考虑"生物和生物圈"和"生物体的结构层次"两个单元的结合。在环境科学单元中，学生学习生态系统的平衡、环境变化对生物的影响等内容。而在生物学单元中，他们学习基本的生物结构和生理功能。将这两个单元结合起来，教师可以设计一个项目，让学生研究特定环境因素变化（如气候变暖、水体污染）如何影响一个生态区域内特定物种的生物学特性。

在这个项目中，学生不仅学习到生物对环境变化的适应性，还能理解环境因素如何直接影响生物的生理和行为。这种教学方法使学生能够将抽象的科学概念与实际环境中的生物学现象联系起来，从而加深对生物学和环境科学之间相互关系的理解。项目驱动的学习是实现跨单元整合的一个有效途径。例如，教师可以引导学生进行一个长期的研究项目，如调查当地生态系统的健康状况或研究特定环境压力下物种的适应机制。在这个过程中，学生将应用他们在不同单元中学到的生物学概念进行实地调查、数据收集和分析，以解决实际问题。

这种方法不仅促进了学生对跨单元知识的理解，还提升了他们的研究技能、数据分析能力和批判性思维。学生通过实际操作来理解复杂的生物学原理，这种经验对于他们未来的学术和职业生涯都是极其宝贵的。创新的教学方法，如角色扮演、辩论和模拟实验，也是实现跨单元整合的有效途径。例如，在关于生态保护的角色扮演活动中，学生可以分成不同的小组，扮演科学家、政策制定者、当地居民等角色，讨论如何平衡经济发展和生物多样性保护的问题。这样的活动不仅让学生运用他们在生物学和环境科学单元中学到的知识，还能够提高他们解决实际问题的能力。

将教学内容与现实世界中的案例结合起来，可以帮助学生更好地理解生物学知识在现实生活中的应用。通过研究实际案例，如特定物种的保护项目或特定环境问题的研究，学生可以更直观地了解生物学概念的重要性和实际应用。

二、利用技术和多媒体资源增强教学效果

在跨单元整合性教学中，技术和多媒体资源的运用对于激发学生的兴趣和增强学习体验至关重要。这些工具能够以更直观、互动的方式展现复杂的生物学概念，使抽象理论变得生动和容易理解。

虚拟实验室和模拟环境是有效的工具，可以帮助学生在安全且控制的条件

下探索和实验。例如，在学习"细胞通过分裂产生新细胞"时，学生可以使用虚拟实验室模拟基因交叉和突变的过程，观察不同基因型和表型的产生。这种模拟活动不仅增强了学生对遗传学原理的理解，还激发了他们对实验科学的兴趣。多媒体资源，如动画和互动图表，可以使生态系统的复杂相互作用变得更加清晰。在教授生态系统单元时，教师可以使用动画展示能量流动和物质循环，帮助学生直观地理解生态系统中生物之间的相互依赖关系。教学游戏和应用程序也是提高学生参与度的有力工具。通过在游戏中模拟生态系统的管理或遗传学实验，学生可以在互动和趣味的环境中学习复杂的生物学概念。计算机虚拟实验室软件运行如图4-4所示。

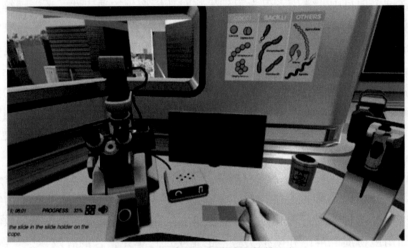

图4-4　计算机虚拟实验室软件运行

在设计跨单元整合的教学活动时，教师可以结合使用多种技术工具。例如，可以先使用虚拟实验室进行基因突变的模拟，然后让学生在模拟环境中观察这些突变如何影响整个生态系统。这样的整合不仅提供了全面的学习体验，还促进了学生对不同生物学概念间相互联系的深入理解。通过整合技术和多媒体资源，教学变得更加动态和互动。学生可以通过实验、观察和游戏等多种方式积极参与学习过程，从而增强他们的学习动机和参与度。

三、项目式学习强化跨单元整合

项目式学习是跨单元整合性教学中的关键组成部分，它鼓励学生将来自不同生物学单元的知识应用于解决实际问题。通过这种方法，学生能够深入探究复杂的主题，同时提升他们的研究、分析和团队协作能力。

在生物多样性和生态系统的学习中，教师可以设计一个项目，要求学生调查并报告当地生态系统的健康状况。此项目可能包括对特定区域的动植物多样性进行调查、分析该区域受到的环境压力（如污染或气候变化）以及这些因素如何影响生物多样性。学生在项目中不仅要运用他们在生态学和生物学单元中学到的知识，还需要开展实地研究，收集和分析数据，并提出保护策略。

现场考察活动能够为学生提供直接接触自然和科学研究的机会，使他们能够将课堂上学到的理论知识与现实世界中的生物学现象联系起来。例如，在进行上述项目时，学生可以访问当地的自然保护区或湿地公园，进行生物多样性调查，观察不同物种的行为和栖息地。这种实地考察活动不仅增加了学生的参与度，还使他们能够将课堂上的理论知识应用于解决实际问题。在自然环境中进行观察和研究，学生可以更直观地理解生物学和生态学概念，提高他们的观察力、分析能力和环境意识。

跨单元整合性教学的主要目标是帮助学生理解生物学知识在现实世界中的应用和重要性。通过项目式学习和现场考察，学生不仅学习到了科学知识，而且发展了解决现实问题的能力，这对他们的个人成长和未来的职业发展至关重要。

四、课堂讨论和辩论的重要性

课堂讨论和辩论是促进学生深入理解和批判性思考的关键环节。通过这些互动式活动，学生能够在探索和辩证的过程中深化对跨单元整合知识的理解。在课堂讨论中，教师可以提出开放式问题，引导学生从不同的角度探讨和分析生物学概念。例如，在生态系统和细胞生物学的结合教学中，可以提出如何将细胞的功能和结构与生态系统的健康和平衡联系起来的问题。学生在讨论中不仅要运用他们在各单元学到的知识，还要学会倾听同伴的观点并进行批判性分析。在辩论活动中，学生可以分成支持和反对两方，就特定的生物学话题进行辩论。例如，围绕遗传工程的道德和科学问题展开辩论，学生需要从多个生物学领域整合知识，以支持他们的立场。这种活动不仅提高了学生的口头表达和逻辑思维能力，还促进了他们在复杂生物学问题上的多角度思考。反思活动是学习过程中不可或缺的部分。教师可以安排时间，让学生回顾和反思他们在跨单元整合学习中的体验。学生可以通过写作、日记或小组分享的形式，表达他们对连接不同生物学单元的理解，以及如何将这些知识应用于实际问题的解决。

在跨单元整合性教学中，教师需要关注学生的全面发展，不仅是知识的掌握，还包括批判性思维、沟通能力和团队协作能力的提升。通过课堂讨论、辩论和反思活动，学生不仅加深了对生物学概念的理解，还提升了他们的综合素养。

五、评估和反馈的重要性

在跨单元整合性教学中，评估和反馈是确保学生理解和应用所学知识的关键环节。这不仅涉及对学生知识掌握的评估，还包括对他们批判性思维、问题解决和应用能力的评价。

为了全面评估学生的学习成果，教师需要采用多样化的评估方法。这包括传统的试卷和测验，以及项目报告、口头展示、实验操作等形式。通过这些不同的评估方式，教师可以更全面地了解学生在不同领域的学习进展和理解深度。及时有效的反馈对于学生理解和改进学习至关重要。教师可以利用各种在线工具和平台进行学生学习的评估和反馈。这些工具不仅可以提高评估的效率，还可以帮助学生更加方便地接收和理解反馈信息。鼓励学生进行持续的自我反思也是评估过程的一个重要方面。通过定期回顾和思考自己在跨单元整合学习中的体验，学生可以更好地理解他们的学习过程，以及如何将所学知识应用于不同的情境中。

跨单元整合性教学的最终目标是帮助学生在中学生物学的学习过程中全面发展核心素养。通过多样化的评估方法和及时有效的反馈，教师可以确保学生不仅掌握了生物学的基础知识，还能够在实际问题的解决中应用这些知识，从而为他们未来的学术和职业生涯打下坚实的基础。

第四节　跨学科整合性教学增强中学生物学核心素养

跨学科整合性教学在中学生物学中起着关键作用，它通过结合不同的学科知识，为学生提供了全面的教育体验。这种教学方式不仅增加了学生对生物学概念的理解，还激发了他们的创新思维和批判性思考能力。单元整合教学的基本模式如图 4-5 所示。

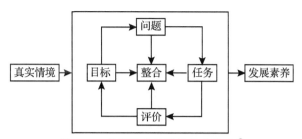

图 4-5　单元整合教学的基本模式 [①]

一、结合生物学与其他学科

在生物学教学中融入数学元素可以极大地增强学生的分析和解决问题的能力。例如，在遗传学单元中，教师可以引入概率论和统计学，帮助学生理解基因分离和独立分配的遗传概率。通过计算特定遗传特征出现的概率，学生不仅学习了遗传学的基本原理，还锻炼了他们的数学技能。在教授生态系统和种群动态时，教师可以引入数学模型来预测和分析种群的变化。例如，通过构建和分析种群增长的数学模型，学生可以探究环境因素如何影响特定物种的种群大小。这种方法不仅加深了学生对生态学概念的理解，还提高了他们在实际问题中应用数学和科学知识的能力。

生物学和地理学的结合可以帮助学生更好地理解生物与其环境之间的相互作用。在学习生物分布和生态系统时，教师可以引入地理学的概念，如气候类型、地形和土壤类型，以分析这些因素如何影响不同地区的生物多样性。这种跨学科的方法使学生能够从更广泛的角度理解生物学概念，同时增加他们对环境科学的兴趣。在讨论气候变化对生态系统的影响时，教师可以结合地理学和生物学的知识，探讨全球变暖如何影响特定地区的生物种群和生态系统。学生可以进行实地考察，收集数据，并分析这些数据，以理解气候变化对生物多样性和生态系统健康的影响。

在生物学教学中融入历史学可以帮助学生理解生物学知识的历史背景和科学发展过程。例如，教师可以介绍达尔文的进化论和门德尔的遗传学研究的历史背景，帮助学生理解这些理论是如何发展的，以及它们对现代生物学的影响。在教授 DNA 结构和功能时，教师可以讲述沃森和克里克发现 DNA 双螺旋结构的历史背景。通过了解这一发现背后的科学探索和研究过程，学生不仅学到了生物学知识，还了解到科学发现是一个复杂的探索过程，需要创新思维和

① 郑达钊 . 促进大概念建构的单元整合课教学设计——以义务教育段"生态系统及其稳定性"为例［J］. 教育科学论坛，2023（28）：52-54.

不懈努力。

在现代教育中，信息技术的融入为生物学教学带来了革命性的变化。例如，在遗传学单元，教师可以使用计算机软件模拟 DNA 复制和蛋白质合成的过程。这不仅提供了直观的学习体验，还帮助学生理解复杂的生物学过程。通过这种方式，学生能够在实际操作中学习抽象的生物学概念，同时提升他们的信息技术应用能力。在教授生物信息学的基础时，教师可以引导学生使用专业软件进行基因序列分析。这种跨学科的学习方法使学生能够将计算机科学的技能应用于生物学研究，增强他们对生物数据分析的理解和兴趣。

生物学与艺术的结合可以激发学生的创造力和想象力。在生态学单元，教师可以鼓励学生通过绘画或摄影来记录和表现生物多样性。这种艺术创作不仅加深了学生对生物学概念的理解，还培养了他们的审美能力和创新思维。学生可以参与一个生态摄影项目，通过摄影捕捉他们所观察到的生态系统和生物多样性。这种活动不仅使学生更加关注生物和环境，还鼓励他们从艺术和科学的角度理解及欣赏自然。

生物学与社会科学的结合有助于学生理解科学如何影响社会和伦理决策。在教授遗传工程或生物多样性保护的议题时，教师可以讨论这些科学技术如何影响社会、经济和伦理观念。在遗传工程单元中，教师可以安排一个关于生物伦理的讨论课。学生可以讨论基因编辑技术的潜在利益与风险，以及这些技术在医学、农业和法律上的应用和挑战。这样的讨论不仅提升了学生对生物技术的理解，还促进了他们在道德和社会责任方面的思考。

将生物学与体育学科相结合能够帮助学生更好地理解人体生理和健康。例如，在学习人体的循环系统和呼吸系统时，教师可以与体育教师合作，设计一系列的体育活动，让学生实际体验不同运动强度对心率和呼吸频率的影响。通过这种实践活动，学生不仅能够直观地理解生物学概念，还能学习到如何维护身体健康和提高运动能力。在一个运动生理学项目中，学生可以进行一系列的运动测试，如跑步、跳绳等，然后记录和分析他们的心率、血压和呼吸速率的变化。这种项目不仅让学生亲身体验生物学理论在实际生活中的应用，还能增强他们对健康生活方式重要性的认识。

设计跨学科项目是实现有效整合教学的关键。这些项目应该鼓励学生将来自不同学科的知识和技能应用于解决复杂的实际问题。例如，一个关于环境保护的项目可以要求学生整合生物学、化学、地理学和社会学的知识，研究本地生态系统的健康状况，并提出具体的保护措施。

在这个项目中，学生可以小组合作，调查当地一个湿地或森林的生态状况，包括物种多样性、水质测试和土壤分析。然后，他们需要结合所学的生物学、化学和地理学知识，制定一个具体的环境保护行动计划，并考虑其社会经济影响。这样的项目不仅加深了学生对科学知识的理解，还培养了他们的团队合作、问题解决和公共演讲能力。

二、利用现代科技工具

在跨学科整合教学中，现代科技工具如互联网、数字化媒体和虚拟现实等，可以提供丰富的学习资源和实践平台。教师可以利用这些工具为学生创造更加生动和互动的学习体验，同时鼓励他们独立探索和学习。

现代科技工具，特别是数字化媒体①和虚拟现实，为生物学教学提供了独特的机会。这些工具能够创造出互动和沉浸式的学习环境，使学生能够以新的方式探索和理解复杂的生物学概念。利用虚拟现实技术，教师可以创造出逼真的生态系统模拟环境，让学生能够虚拟地探索不同的生物栖息地。例如，学生可以在虚拟现实中访问热带雨林或珊瑚礁生态系统，观察和学习那里的生物多样性和生态关系。这种沉浸式体验不仅增加了学生的学习兴趣，还加深了他们对生态系统复杂性的理解。虚拟 VR 实验室界面如图 4-6 所示。

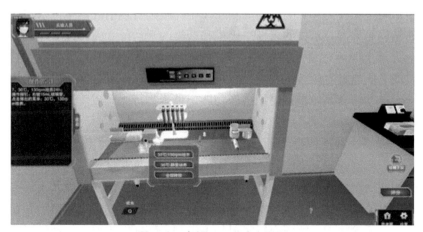

图 4-6　虚拟 VR 实验室界面

数字化媒体，如动画和交互式模拟，可以有效地描绘细胞内复杂的生物学过程。在教授细胞分裂或 DNA 复制时，教师可以使用动画展示这些过程的每一个步骤，帮助学生更清晰地理解这些复杂的生物学机制。科技工具也可以用于学习评估。例如，教师可以利用在线测验和学习管理系统跟踪学生的学习进展，为学生提供及时的反馈和个性化的学习建议。这种即时反馈机制对

---

① 谭伦荣.基于数字化媒体的个性化教学实践信息挖掘模型分析［J］.成都中医药大学学报（教育科学版），2021（1）：48-49，55.

于提升学生的学习效率和理解能力至关重要。例如，在探索基因编辑技术如CRISPR-Cas9 时，教师可以利用互动软件模拟基因编辑的整个过程。学生可以通过软件操作，了解基因编辑的具体步骤和原理，并探讨其在医学、农业等领域的潜在应用。这种互动学习方式不仅提升了学生的科学知识，还激发了他们对现代生物技术的兴趣。

在线协作平台如 Google Classroom 或 Moodle，可以用于促进学生间的交流和协作。在跨学科项目中，学生可以通过这些平台共享资料、讨论问题，并协作完成项目任务。这种协作方式不仅提高了学生的沟通能力，还培养了他们的团队协作精神。

三、实地考察活动的重要性

实地考察活动为学生提供了一个深入理解生物学概念并将其应用于现实世界的机会。通过参与这些活动，学生能够直接观察和分析生物学现象，增强对生物学理论的实际理解。

例如，在一个湿地生态系统的学习单元中，学生可以参观当地的湿地，亲自观察不同生物种类和它们之间的相互作用。教师可以引导学生记录他们的观察，如植物的种类、水体的特性、昆虫和鸟类的活动等，并讨论这些观察结果如何与课堂上学习的生态系统概念相关联。在实地考察中，学生可以利用智能手机或平板电脑等科技工具进行数据收集和记录。例如，他们可以使用 GPS应用记录样本的具体位置，使用摄像功能记录生物行为，或使用专门的科学应用进行数据分析和记录。

实地考察活动不仅提升了学生的科学素养，还锻炼了他们的临界思维能力。在对生态系统的观察和分析中，学生需要运用批判性思考来解释数据、识别模式，并提出合理的假设。例如，在关于城市生物多样性的单元中，学生可以探索城市公园或社区花园，观察和记录不同环境因素如何影响植物和动物的生活。通过这个活动，学生不仅学习到了生物多样性的重要性，还理解了城市发展对生物栖息地的影响。在实地考察活动中，教师应鼓励学生积极参与并引导他们进行独立探索。这种主动学习方式能够提高学生的参与度和学习动机，使他们在探索和发现中学习生物学。

四、创新教学方法的应用

创新教学方法在跨学科整合性教学中起着至关重要的作用，它们能够激发学生的兴趣，增强学习动力，并促进深入理解生物学概念。例如，在教授遗传学或生态学的复杂概念时，可以使用角色扮演或模拟游戏来增强学生的参与感。例如，学生可以通过扮演不同的生态系统中的物种，来理解食物链和食物网的动态。在这样的活动中，学生不仅能够以有趣的方式学习生物学，还能够培养团队协作和沟通技能。

课堂讨论和辩论是培养学生批判性思维和公开演讲技能的有效方式。通过讨论当前的生物学热点问题，如基因编辑的伦理问题或气候变化对生物多样性的影响，学生能够将课堂知识与现实世界问题相结合，深化理解并形成自己的观点。

通过实施跨学科项目，学生可以在实际问题解决中应用和整合来自不同学科的知识。例如，一个关于可持续发展的项目可能要求学生结合生物学、化学和社会学知识，探讨如何在保护生物多样性的同时促进社区的可持续发展。在跨学科整合性教学中，教师可以利用科技工具和在线资源提供更加丰富和多样化的学习材料。例如，通过在线视频、科学博客和虚拟实验室，学生可以访问最新的科学发现和研究，从而更全面地理解生物学在现代科学中的角色。

教师应努力结合学生的个人兴趣和现实世界中的问题来设计教学内容[1]。这不仅能够增加学生的参与度，还能够激发他们对学习的热情，并鼓励他们主动探索和学习。在继续发展生物学教学的过程中，教师应不断寻找新的方法和途径，以更全面地培养学生的核心素养。通过不断创新和调整教学策略，学生可以更好地准备应对未来的学术和职业挑战，成为具有全面知识和技能的终身学习者。

---

[1] 邱树文.优化设计教学内容激发学生学习兴趣［J］.小学科学（教师版），2020（4）：94.

第五章 大概念教学方法与中学生物学核心素养的发展

第一节 不同教学方法对中学生物学核心素养发展的影响

一、微课教学法

在初中阶段，生物学教育扮演着培养学生核心素养的关键角色。[①] 在当今信息化时代，将微课与核心素养培养相结合，把核心素养融入微课设计中，有利于实现对学生生物核心素养的有效培养。微课的设计应紧跟信息化教育的潮流，结合网络教学，利用在线教学平台进行知识的传递。设计微课时，教师可以选择创新的主题，引入轻松的背景音乐，通过动画、图像等多媒体元素丰富教学内容，从而提高学生的学习兴趣。微课视频应突出教学的重点，通过视觉和听觉的双重刺激，使生物知识对学生米说更加直观和清晰。教师可以在微课中激励学生进行总结和概括，鼓励他们通过思维导图等方式进行复习，从而增强学生的总结能力，突破学习难点。

例如，在讲授生物特征时，教师可以利用网络上的高质量教学资源制作微课视频。视频开始时，加入具有科学氛围的背景音乐，并用图片展示生物学家是如何观察生物的，以吸引学生的注意力。然后，通过思维导图清晰地呈现教材内容，并在视频中加入了相关纪录片片段。这样的设计不仅使学生全面掌握生物特征，也提高了微课的教学效率和学生的生物核心素养。

[①] 周雪. 基于核心素养的初中生物微课教学探究 [J]. 科学咨询, 2021（4）: 242-243.

　　在导入新课时，微课作为一个创新的引入方式，对激发初中学生的学习兴趣至关重要。教师可以利用现代化技术中的声音、图片等元素给学生带来视觉冲击，激发他们的探究欲望，促使学生积极参与学习活动，从而有效地提升学生的核心素养。例如，在学习"人类活动对生物圈的影响"这一章节时，可以收集一系列有关全球变暖、温室效应、冰山融化、海洋污染等现象的照片和视频。将这些资料制作成对比图片，并配以适当的音乐，给学生带来强烈的视觉和听觉冲击，激发他们保护环境、生物圈的意识。这种课前导入方式促使学生主动参与课堂教学，以提高他们的专注度和核心素养。

　　初中阶段的生物教学对于培养学生的核心素养至关重要。在现代化教育的背景下，结合微课与核心素养培养，将核心素养融入微课设计中，能有效地实现学生生物核心素养的培育目标。微视频的设计是信息化教育的重要组成部分，教师可利用网络平台进行教学，选择吸引人的主题，并加入轻松的背景音乐，以提高学生的学习兴趣。微视频内容应通过视觉和听觉手段，清晰地展示生物知识，帮助学生形成对生物学的直观认识。教师可以使用动画等多媒体形式演示复杂的生物学概念，使学生更有效地掌握知识点。

　　例如，在教授"呼吸道对空气的处理"章节时，教师通过微课形式动画展示鸟的呼吸过程，直观地让学生感受到鸟的双重呼吸方式，以及它在体内如何工作。这样的教学方式帮助学生直观理解鸟的呼吸过程。鸟的身体构造如图5-1所示。

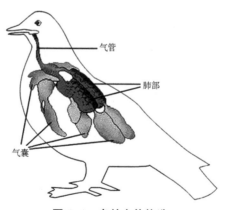

图5-1　鸟的身体构造

　　在初中生物教学中，实验教学是不可或缺的一部分。利用微课这一新型教学模式，教师可以将实验过程制作成视频，协助学生掌握实验步骤和方法，提高他们的探究能力。例如，在学习"种子的萌发"这一章节时，通过微课视频展示了光对种子萌发的影响，激发了学生的兴趣，引导他们通过独立思考和小组讨论,最终得出正确的结论。初中生物教学中结合微课设计,旨在培养学生的核心素养,强化微课的制作和应用。教师需精心设计微课,以促进高效的初中生物课堂构建。

二、逆向教学法

在新时期背景下开展的初中生物学教学活动,应着重于培养学生的学习品质,强调学科教学在育人功能上的作用。实现初中生物学的核心素养教学,采用逆向教学设计方法,旨在通过明确的教学目标引领教学,通过科学的评价工作设计和实施教学活动,利用教学评价对教学设计进行诊断和推动,从而确保教学设计的效率和有效性。[①]

(一)逆向教学设计的概念

逆向教学设计是一种以目标为导向的教学任务分析方法,它在概念上呈现出正向的逻辑特性,但在实际执行过程中表现出与传统教学模式相反的特点。这种设计主要包括三个关键步骤:

明确教学任务:结合初中学生的生物学知识学习现状和需求,以及教材内容,明确学生需要掌握和理解的具体知识点及学习层次。同时,设置教学设计的标准,并确定教学内容。

分析学生学习现状:深入探讨学生如何完成教学任务。设计多元化的评估内容和方法,覆盖知识与技能、情感与态度、价值观念等方面。选择适合学生的教学方法和活动,设定预期目标,并运用科学、合理且创新的教学方法来设计教学内容。

执行教学活动:在教师的引导下开展教学活动,明确教学环境、方法、内容以及评价方式。执行教学计划,确保教学指导和评价的连贯性和持续性。重视培养学生的学习热情、积极性和自信,提高他们的理论知识理解和实践操作能力。

通过这样的逆向教学设计,可以有效促进学生的全面发展,尤其在培养学生的生物学核心素养方面,能够帮助他们更好地理解和应用生物学知识,同时培育出积极探究和自主学习的能力。

(二)落实核心素养的逆向教学设计实践策略

在当今新时代的背景下,初中生物学的教学活动应以学生为中心,清晰地设定教学任务和目标,着重于培养学生的核心素养。采用逆向教学设计的方法,应该专注于提高学生的生物学科核心素养,强调教学目标在教学过程中的

---

① 许君玲.基于核心素养的初中生物学课堂逆向教学设计 [J].中学课程辅导,2023(19):108–110.

指导作用，以确保教学设计的有效性。在制定教学任务和目标时，应从学生的学习需求和教师的教学方法两个方面进行考虑：

教学任务和目标的明确性至关重要：应以培养学生的生物学科核心素养为主要教学目标，重视增强学生的生物学知识储备，提高他们在生物学实验、实践探究和创新思维方面的能力。在这样的教学任务和目标指导下，教师应设计能够激发学生学习兴趣、主动性和探究精神的教学内容、方法和措施。

教师的角色转变和提升也是必不可少的：教师需要改变传统的教学思维，提升自己的专业素养，以便在教学设计中更有效地发挥指导和教育的作用。在逆向教学设计的实施过程中，教师的职责包括组织、设计、执行和评价等方面，以确保教学目标能够顺利实现。

以北师大版七年级上册"走进生命世界"的单元为例，教师在逆向教学设计的第一阶段，需思考如何利用单元内含的核心素养教学资源。如何通过教学内容和方法激发学生的兴趣，发挥教师的指导作用，是教学设计的关键。

在"形形色色的生物"这一教学内容中，通过介绍学生日常生活中常见的生物及生物圈中的多样生命体，引入"生物与环境的相互影响"，教师可以引导学生探究生命体间的联系，提高学生的生命观念。为了达成教学目标，教师应思考如何提高学生的学习兴趣，激发他们深入思考，提高教学效果。运用多媒体教学课件、信息技术平台、生物学实验等多样化教学方法，展示生命世界的丰富多彩，为学生核心素养的培养提供有效支持，发挥逆向教学设计的优势。

三、结合核心素养，确定教学设计的标准

在新时代背景下，初中生物学教学的设计标准和实践探索需紧密结合学生的实际学情，同时以提升学生生物学学科核心素养为目标[①]。教学设计的关键在于将教育资源的挖掘与学生学科学习兴趣的培养相结合，重视以学生为中心的教学理念。这意味着教师在设计教学活动时，更加关注学生的主动参与和自主学习能力的提升。例如，通过生物学实验教学，教师可以选择与学生日常生活紧密相关的实验材料，如观察植物和动物细胞，引导学生深入理解生物学的基本概念和生命多样性。

教学设计应紧扣核心素养，通过升华教学内容拓宽学生的知识视野，深化对生物学的理解。教师应努力在讲授基础理论的同时，引导学生思考生物学在

① 许君玲. 基于核心素养的初中生物学课堂逆向教学设计 [J]. 中学课程辅导, 2023（19）：108–110.

自然、社会和国家发展中的作用，以此提升学生的社会责任感和科学探究能力。设定合理的预期目标和进行教学活动预测评估对于保证教学活动的有效性至关重要。教师在设计教学活动时，应预先考虑可能的实施效果，对教学方案进行适时调整。这种预测评价不仅有助于提前识别和解决教学过程中可能出现的问题，还能确保教学内容和方法与学生的实际需求相匹配，从而提高教学活动的实效性。

教师在开展初中生物学教学活动时，应充分考虑教育资源的有效利用，激发学生的学习兴趣，紧密围绕核心素养进行教学设计，并通过预测评价确保教学活动的高效实施。这样的教学设计不仅有助于提高学生的学科素养，还能培养他们的自主学习能力和科学探究精神。

四、立足教学实际，落实教学内容及指导

逆向教学设计的实施在初中生物学教学中占有重要地位，尤其在确保核心素养得以落实的过程中。这一教学策略的核心在于将课程内容和教学方法紧密围绕生命观念、理性思维、科学探究和社会责任等核心素养进行规划及执行。在教学方案的最后确定和实施阶段，这种针对性的方案设计显示了其重要性。

加强教学情境的创设至关重要，它有助于培养学生对生命的深刻理解和产生正确观念。利用生物学知识与学生的日常生活实际相结合，教师可以创造性地开展情境教学。例如，通过展示植物生长的快放视频，学生可以直观地感受到生命的奇妙过程，进而形成对植物生命的尊重和理解。运用思维导图等工具培养学生的理性思维是一个关键环节。这种方法有助于学生梳理生物学知识间的联系，提高他们的逻辑思维能力。例如，在探讨人教版《生物》（八年级上册）"人类对细菌和真菌的利用"的课程中，学生可以通过绘制思维导图来理解微生物在人类生活中的多种角色和影响。生物学实验活动的开展对于培养学生的科学探究思想至关重要。通过设计和实施实验，学生可以在实践中学习科学原理，并提升他们的探究和解决问题的能力。例如，在"检验光合作用释放氧气"的实验中，学生不仅学习科学原理，还通过实验设计和执行来提升自己的科学思维。通过丰富的课外实践活动，教师可以有效地培养学生的社会责任感。例如，通过让学生参与关于植物资源的学习和研究，学生能够更好地理解生物学知识在环境保护和资源管理中的应用及重要性。

逆向教学设计不仅是一种教学方法的改革，也是确保学生能够全面、深入地理解和掌握生物学核心素养的有效途径。通过这种教学设计，可以提高教学

活动的有效性，并确保学生能够在理解生物学的同时，培养起对生命的尊重、科学的探究精神和强烈的社会责任感。

第二节　促进学生参与的大概念教学方法

一、合作学习

随着素质教育的深入推进和新课程改革的逐步成熟，初中生物教学的核心目标已经变为全面培育中学生的生物核心素养。在中国中学教育快速发展的背景下，充分发挥合作学习的优势和特性，是提高教育质量的关键手段。

合作学习是一种教学或学习方式，其核心在于围绕共同的学习目标，通过小组合作、讨论等形式进行。从理论基础和形成过程看，合作学习与建构主义理论、动机发展理论等紧密相关。功能上，合作学习已成为教育领域内广泛应用且高效的方法。

合作学习在生物学科核心素养的培养中扮演着关键角色。通过实施"异质小组"策略，合作学习强调了组内成员间的相互协作与互补性，巧妙利用学生个体差异，以达到个性化教学的目的。这种学习模式尤为关注个体与集体之间的动态平衡，有力地促进了学生的团队合作探究能力和参与度提升，确保课堂活动能够包容每位学生的积极参与。合作学习尤其擅长于传达生命科学的价值观念和构建学生的理性生物学思维结构。教师可以充分利用小组合作这一平台，更轻松地创设多样化的教学情境，从而深化学生对生物学知识的理解与应用。通过这种方式，合作学习不仅推动了学生在生物学领域的深度学习，还有效提升了他们在面对复杂生命现象时的批判性思考与协同解决问题的能力。合作学习的学习效率要比单纯的听讲效率高出近十倍，著名的学习效率金字塔[1]如图 5-2 所示。

---

① 杜英英 . 运用学习金字塔理论提高生物课堂教学效率［J］. 中学教学参考，2013（2）：106.

图 5-2　学习效率金字塔

二、初中生物合作学习面临的主要问题

在当前的初中生物教学中，虽然合作学习模式已被广泛引入，但其实施过程中仍存在一些显著问题。部分初中生物教师对于合作学习的深层次价值与功能认识不足。他们错误地将合作学习简化为仅仅关于特定问题的"集体讨论"或"协商"，却忽视了其在培养学生综合素质与能力方面的重要作用。在这种误解的指导下，有些教师的合作学习活动变成了以解题技巧为中心的集体研讨，这显然是对合作学习本质的误解。在学校层面，合作学习的评价和考核机制尚不完善。教师缺乏有效的途径来评估和检验合作学习的效果，在一定程度上影响了教学的有效性。

从根源上分析初中生物教学中的合作学习问题，可归结为两点：第一，教师对于合作学习的深层内涵和价值意义缺乏充分理解。合作学习的真正目的是促进学生形成探究意识和精神，进而发展科学的生物素养，而不仅仅是围绕如何解题或提高分数。第二，许多教师在实施合作学习时，过分追求形式上的"合作"，导致课堂上虽然外表华丽，但实际上缺乏深入和实质性的教学内容。这种做法忽视了合作学习作为一种基于学生为学习主体的教学模式的本质，使得教学失去了应有的教育意义。

三、初中生物合作学习有效性策略探索

在当代初中生物教育中，大概念教学被视为培养学生核心素养的关键手段，其中合作学习以其独特的教学模式在教学过程中占据着重要地位。然而，为了确保这种教学模式的有效性，需要采取一系列策略进行优化和改进。

教师应增强自己对合作学习元素和类型的认知。合作学习不仅是一个简单的小组活动，还是一个复杂的教学策略，涉及学生间的异质性分组、相互依赖性、有效互动以及及时的自我反馈和评估。其中，各种合作学习类型如师生互动型、自主互动型和全员互动型，各有其独特的教学目标和运用场景。

细化合作学习的流程和内容至关重要。这包括在课前进行详细规划、合理划分小组、设计刺激性的协作探究任务，以及在活动结束后进行全面的反馈和评价。例如，在教授"根的结构与功能"这一单元时，教师可以利用生动的案例引导学生进行深入探究，并鼓励学生超越传统思维，探索现代种植技术。

对于保障合作学习取得实效，建立一个有效的评价机制至关重要。这种评价机制应包括学生内部的互评、小组间的互评以及教师的综合评价。评价内容应围绕合作过程中学生展现出的批判性和创造性思维，以及他们在解决问题时表现出的新观点和新思想。

通过强化认知能力，细化教学流程，丰富教学内容和方法，并建立有效的评价机制等方式，可以大大提高合作学习在初中生物教学中的有效性，从而更好地促进学生核心素养的发展。

第三节　教育技术在大概念教学与中学生物学核心素养发展中的作用

一、教育技术的变革效应

教育技术在中学生物学教育中引发了一场变革，通过增强资源的可及性和丰富教学方法，极大地拓展了传统教室的边界。数字资源和在线平台的利用，使得学生能接触到更广泛的学习材料，包括互动模拟、视频教程和虚拟实验室。这些工具不仅丰富了学习内容，还提供了新的方式来理解复杂的生物学概念。教育技术的引入不仅增加了学习资源，更重要的是提升了学生的参与度和理解力。

教育技术对个性化学习的推动作用不容小觑。智能学习系统根据每位学生的表现提供个性化的学习路径，这对于理解多样化的生物学概念尤为关键。这种个性化的方法不仅提高了学生的学习效率，还增强了他们的自主学习能力。

同时，教育技术还为教师提供了关于学生学习进度和难点的即时反馈，使教师能更有效地进行教学调整和学生指导。教育技术在提升教学效率与效果方面也起到了显著作用。数字化工具如投影和交互式白板的使用，让生物学的复杂过程和概念变得更加直观和易于理解。线上平台提供的多样化教学资源，如视频、互动练习，不仅丰富了学习体验，也使教师能更灵活地规划课程。此外，通过在线协作工具，学生能够参与到跨地理位置的团队项目中，共同探索生物学概念，这不仅加深了他们对知识的理解，还锻炼了他们的团队合作和沟通能力。教育技术对于促进终身学习和自主学习能力的发展具有关键性意义。在线课程和教育资源的普及，使得学生能够在正规教育之后继续他们的学习旅程，持续更新和扩充自己的知识库。这种自主学习的能力对于适应快速变化的世界至关重要。

教育技术在大概念教学和中学生物学核心素养的发展中不仅提供了丰富的学习资源和个性化学习的机会，还大大提高了教学效率和效果，同时促进了学生的终身学习和自主学习能力的发展。随着技术的不断进步，教育技术将继续在生物学教育中发挥其重要作用。

二、教育技术与学生互动的增强

教育技术为构建互动式学习环境提供了强有力的支撑。通过在线平台和移动设备，学生可以即时与教师和同学进行互动，无论是通过论坛讨论、即时消息交流，还是通过视频会议参与实时讨论，这些互动形式都极大增强了学生的参与感和学习动力。在这种互动环境中，生物学的大概念更容易被学生理解和掌握。增强现实（AR）和虚拟现实（VR）技术的应用为生物学教学带来了革命性的改变。这些技术使得学生能够以全新的方式体验复杂的生物学现象，如通过虚拟现实技术观察细胞分裂或通过增强现实进行生态系统的互动探索。这些沉浸式体验不仅加深了学生对生物学概念的理解，还激发了他们对科学学习的兴趣。

教育技术还促进了协作式学习的发展。在线合作工具允许学生共同完成项目和实验，无论他们身处何地。这种协作方式不仅促进了学生之间的知识共享，还提高了他们解决问题和团队合作的能力。在探索生物学概念时，这种协作至关重要，因为它需要多角度的思考和集体智慧。动画和游戏化学习也是教育技术在生物学教学中的重要应用。通过将学习内容以游戏或动画的形式呈现，学生可以在参与和乐趣中学习复杂的生物学概念。这种学习方式不仅提高了学生的参与度，还有助于学生更好地记忆和理解生物学的核心内容。

教育技术的应用在增强学生的互动、提供沉浸式学习体验、促进协作学习和引入动画及游戏化学习等方面发挥了显著作用。这些技术手段不仅使学生在学习生物学时更加积极主动，而且提高了学习的效果和趣味性，为大概念教学注入了新的活力。

三、教育技术在学生评估中的应用

教育技术的进步为跟踪和评估学生在生物学学习中的进步提供了便利。通过数字学习管理系统，教师可以实时监控学生的学习进度，评估他们对生物学概念的掌握程度。这些系统提供详细的分析报告和反馈，使教师能够更有效地识别学生在理解核心概念方面的强项和弱点，从而为他们提供针对性的支持。

自适应学习技术通过分析学生的学习习惯和表现，提供个性化的学习路径。这种技术在生物学教学中特别有用，因为它可以根据学生的具体需要调整教学内容，确保每个学生都能在自己的节奏下掌握复杂的生物学概念。自适应学习系统通过不断调整教学难度和内容，帮助学生更有效地理解并应用生物学的大概念。在线平台提供的测验和评估工具使得生物学的评估过程更加灵活和高效。教师可以通过这些工具快速创建和分发测试，实时获取学生的反馈和成绩。这些测验不仅限于传统的选择题和填空题，还包括对大概念的应用和理解的评估，如案例研究和问题解决任务。电子作品集和学习记录是记录学生学习历程的重要工具。学生可以在其中展示他们在生物学领域的学习成果，如实验报告、项目作业和研究论文。这些记录不仅反映了学生对生物学大概念的理解，还展示了他们的思考过程和学习进步。

在学生评估方面通过利用数字工具和自适应技术，教师能够更好地理解学生的学习需求，为他们提供个性化的支持，同时为学生提供更多展示自己理解和应用生物学概念的机会。这些技术手段不仅使评估过程更加科学和公正，而且有助于提高学生对生物学大概念的掌握水平。

四、教育技术在促进生物学核心素养的发展中的作用

教育技术通过提供丰富的互动式学习体验，极大地增强了生物学教学的吸引力和有效性。利用虚拟实验室和模拟软件，学生可以进行各种生物学实验，这不仅激发了他们的兴趣，而且加深了对生物学概念的理解。这些技术使学生能够在安全的环境中探索和实验，理解复杂的生物过程和现象。

教育技术使教师能够为学生提供定制化的学习路径，满足不同学生的学习需求。通过分析学生的学习行为和表现，教师可以为每个学生制定个性化的学习计划，确保他们都能以适合自己的方式掌握生物学的核心概念和技能。数字

技术为学生提供了更广泛的学习资源。在线课程、教育视频、互动教程和数字图书馆 ① ② 等资源，使学生能够在课堂之外继续学习和探索生物学的世界。这些资源不仅拓宽了学生的视野，而且帮助他们更深入地理解生物学的大概念。学生使用在线讨论论坛、项目协作工具和社交媒体平台，可以相互交流观点，共同完成项目，从而提高他们的协作能力和沟通技能。这些技能对于理解和应用生物学知识至关重要。

教育技术在促进生物学核心素养的发展中通过提供丰富的学习资源、个性化的学习路径和互动式的学习体验，增强了学生的学习动机和兴趣。同时，这些技术手段也有助于学生在实践中发展关键的协作和沟通技能，从而更有效地掌握和应用生物学的核心概念。

五、教育技术在生物学大概念教学中的应用

教育技术提供了多种工具和平台，通过互动和视觉化的方式帮助学生理解生物学的复杂概念。例如，动画和 3D 模型可以用来展示细胞结构或生态系统的工作原理，这些直观的展示方式使学生更容易把握生物学概念的本质。

在生物学教学中，数据分析软件和模拟实验工具起着重要作用。学生可以利用这些工具处理实验数据，理解统计概念，并在虚拟环境中进行实验，这些活动不仅提升了他们的实验技能，还加深了对科学研究方法的理解。教育技术还可以激发学生的批判性思维。通过在线讨论、互动式问答和虚拟实验，学生被鼓励提出问题、分析数据和批判性地评估信息。这些活动有助于培养他们的分析能力和独立思考能力，对于理解生物学的深层次概念至关重要。教育技术使学生能够按照自己的节奏学习，访问大量在线资源和课程，从而支持他们的自主学习和终身学习。通过自主选择学习内容和活动，学生能够深入探索他们感兴趣的生物学领域，这种自主性对于培养他们的学习热情和探究精神非常重要。

在生物学大概念教学中，教育技术的应用不仅提高了学生对生物学概念的理解，还促进了他们的批判性思维、数据分析能力和自主学习能力。这些技术工具为学生提供了更丰富、更深入的学习体验，帮助他们更好地理解和应用生物学知识。

---

① 金林.数字图书馆在中小学教学中应用的优势及策略［J］.中小学电教，2021（C2）：30–31.
② 侯健.中小学数字图书馆与学生信息素养的培养［J］.中国教育技术装备，2009（7）：25–26.

第四节 大概念教学方法对学生中学生物学核心素养发展的效果

大概念教学在生物学科中扮演着塑造学生核心素养的关键角色。这种教学方法强调以学生的认知发展为出发点，结合具体的生物学现象和概念，旨在引导学生主动探索和学习。其中，生命观念作为生物学的基础和核心，不仅是抽象的知识点，还是对生命的结构、功能、发展规律进行深入理解和高度概括的认识过程。当前，许多教学实践仍采用传统的"填鸭式"方法，导致师生互动有限，忽略了学生的主动参与和创造性思维。这种教学方式往往只侧重于传授书本理论，缺乏与现实生活的结合，以及运用多样化教学资源激发学生思维的策略。这样的教学模式往往使学生处于被动学习状态，限制了他们知识视野的拓展，影响了全面发展。因此，重塑生物学教学，让学生理解生命的本质、认识环保的重要性，是培养学生生命观念、促进其全面发展的关键。

一、提升学生自主学习能力

在当前的教学环境中，生物教师应摒弃旧有的"填鸭式"教育方式，转向由学生主导的学习模式。这意味着在课堂中，学生应从一个被动的接受者变成主动的探索者，而教师的角色则从知识的传递者转变为引导者和协助者。这种变化要求教师不仅传授生物学的基础理论，而且要深入挖掘每个学生的潜能，培养他们的核心生物学素养和深刻的生命观。

为实现这一目标，教师需要改革传统的教学方法，创造一个更加互动、开放的学习环境。例如，在教授"分子与细胞"这一章节时，可以通过实际操作，如使用显微镜观察不同生物样本，激发学生的好奇心和探究欲。通过实践活动，学生不仅能够更好地理解和记忆知识点，而且能够亲身体验生命的奥秘，从而加深对生命价值和生物多样性的认识。

教师还应鼓励学生积极参与课堂讨论，创造一个开放的交流平台，以便学生可以自由地表达观点和分享发现。这种互动式的教学方法不仅能够提高学生的学习热情，还能够促进他们的批判性思维和创新能力的发展。通过这种方式，生物学课堂将不再是单向的知识灌输，而变成了一个促进学生全面发展的互动平台。

二、加深学生理解

生物学的知识与我们的日常生活紧密相连，对于学生来说，将课本上的生物学概念应用于现实生活中的观察和问题解决是非常重要的。这种方法不仅有助于他们建立对生命现象的正确理解，而且能够拓宽他们的知识视野。作为教育的领路人，教师在生物教学中应该努力将理论知识与实际生活紧密联系起来，使教学内容更加生动、实用。

例如，在处理光合作用和能量转化[1][2][3][4][5]这样的中学生物学概念时，教师可以引导学生思考这些生物学过程如何在自然界中发生，并带领学生进行户外观察，以直观地理解这些过程。此外，为了帮助学生更好地理解抽象的概念，教师可以布置实际的活动，如种植绿植或蒜苗，让学生观察并记录植物生长过程中的变化。通过这样的实际操作，学生不仅能够更加深入地理解生物学概念，还能增强对生活现象的洞察力。植物进行光合作用的过程如图5-3所示。

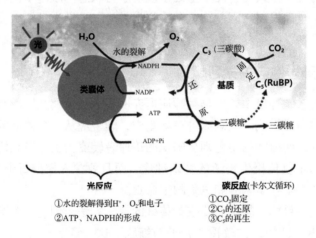

图5-3 植物进行光合作用的过程

① 高峰.果树光合作用研究［J］.山西农经，2019（17）：121-122.
② 孙杰，何欣，王东博，叶媛丽，朱晓霞.苔藓植物光合作用的研究进展［J］.现代园艺，2022（15）：58-59，62.
③ 许明丽.关于总光合作用、净光合作用和呼吸作用的计算［J］.新教育时代电子杂志（教师版），2020（17）：123，125.
④ 王旭慧.神奇的光合作用［J］.少儿科技博览，2006（9）：2-5.
⑤ 何君，夏曙华，朱毅鸿.初中光合作用系列实验的再探索［J］.生物学通报，2021（10）：52-55.

利用新媒体技术来拓展教学内容也是提高教学效果的有效方法。新媒体技术可以使学生更容易地理解复杂的生物学概念，帮助他们建立起对生命本质的深刻理解。总之，将生物学知识与现实生活结合起来，不仅能够激发学生的学习兴趣，还能帮助他们形成对生命的全面认识。

三、增强学生实验探究能力

生物学作为一门深奥且富有探索性的学科，在最新的教学大纲中，虽然减少了部分概念性解释的详细说明，但引入了宏观的生物学概念。这种改变意在通过减少纷繁复杂的细节，拓展学生对生物学的整体理解和应用。高中生物课程的核心不仅在于知识的传授，更在于激发和提升学生的科学探究能力，特别是在理解和尊重生命的多样性及复杂性方面。

在这种教学背景下，教师在生物课堂上的角色变得更加关键。他们不仅需要传授理论知识，更应注重实验操作和探究性学习的实施。这要求教师提供充足的机会，让学生亲自参与实验，动手操作，从而增强学生的实践能力和创新思维。同时，新媒体技术的运用也成为教学的重要辅助工具。通过制作富有趣味性和互动性的数字课件，教师可以帮助学生更深入、更全面地掌握实验操作的各个环节，提高课堂效率。

通过这样的教学方式，学生不仅能够形成正确的生物学概念，而且能够将科学理念应用于现实生活中，解决具体问题。这样的教学方法，旨在培养学生对生命的尊重和理解，以及面对社会和环境问题时的科学思考能力。总的来说，这种以大概念为中心的生物教学，既是高中生物学课程的必然趋势，也是对学生核心素养培养的重要体现。

四、总结

大概念教学的成效主要依赖于教师如何巧妙地将课程内容与学生的实际经历融合。这种教学模式激发学生将新掌握的知识与日常生活结合，使学习过程更加生动和有趣。例如，在教授生态系统和环境保护相关的课程时，教师可以引导学生观察他们周边的环境问题，并探讨如何利用生物学的方法解决这些问题。这类实践活动不仅加深了学生对生物学概念的理解，还培养了他们利用所学知识解决现实问题的能力。

大概念教学促进了学生批判性思维的发展。当学生被鼓励从多种角度分析生物学问题时，他们开始学会怀疑、分析和评估不同的信息和观点。这种批判性思维的培养对学生的整体学术成长至关重要，它不仅在生物学学习过程中发挥作用，也对学生的日常生活和未来的职业生涯产生深远影响。

大概念教学还激发了学生的创新能力。当学生在学习过程中被鼓励进行探索、实验和提出新思想时，他们的创造力和解决问题的能力得到提升。例如，在设计和实施自己的生物学实验中，学生不仅学到了科学的研究方法，还发展了独立思考和创新的能力。

为了有效实施大概念教学，教师需要根据不同学生的学习风格和兴趣，灵活调整教学内容和方法。这种个性化的教学方法有助于激发学生对生物学的兴趣，提高他们的学习效率，同时增强了他们对生物学的热情。

第六章　中学生物学核心素养视角下的大概念教学实践

第一节　在课堂管理中应用大概念教学强化中学生物学核心素养

一、融合大概念教学于课堂管理

在中学生物学教学中，将大概念教学策略融入课堂管理是提高教学效果和学生参与度的关键[1][2][3]。有效的课堂管理不仅涉及日常的教学活动安排，还包括如何创造一个促进学习的环境，使学生能够在探索和理解生物学的大概念中获得最大收益。

创造一个积极、互动和包容的学习环境至关重要。这包括确保课堂上的每位学生都感到自己的意见和想法被尊重，并且有机会参与讨论和活动。教师可以通过鼓励学生之间的积极交流和合作来实现这一点，特别是在探讨复杂的生物学概念时。在课堂管理中整合生物学的大概念，意味着教师需要在教学计划中明确这些概念，并在课堂讨论和活动中不断强调它们。例如，在教授人教版《生物》（八年级下册）"生命起源和生物进化"单元时，教师可以通过各种活动和讨论强调生命起源和进化的概念，让学生理解这一概念在生物多样性中的重要性。为了提高学生的课堂参与度，教师可以设计各种互动性强的活动，如小组讨论、角色扮演和实验室实践。通过这些活动，学生不仅能够更深入地理

---

① 陈莉.基于大概念的高中生物课堂教学优化策略［J］.今天，2022（17）：193-194.
② 胡晓敏.追求理解大概念的课堂教学策略［J］.基础教育课程，2022（21）：41-47.
③ 任虎虎.基于思维型课堂获得学科大概念的教学策略［J］.中学物理教与学（人大复印），2022（4）：1-3.

解生物学的大概念，还能够提升他们的沟通和团队合作技能。

案例研究是一种有效的工具，它可以帮助学生将理论知识应用于实际情境。教师可以选择与课程大概念相关的真实案例，让学生分析和讨论，从而深化他们对生物学概念的理解。利用现代教育技术可以极大地提高课堂管理的效率和效果。例如，教师可以使用教学软件设计互动的教学活动，或利用在线平台进行学习资源的共享和学生作业的提交与反馈。

二、应用差异化教学策略

在大概念教学中融入差异化教学策略至关重要，以满足不同学生的学习需求[①]。差异化教学包括为不同能力水平的学生提供不同层次的教学材料和活动，确保每个学生都能在自己的能力范围内挑战和发展。

在准备教学材料时，教师应确保这些材料能够覆盖到课堂上不同层次的学生。例如，对于复杂的生物学主题，教师可以准备多个版本的教学材料，从基础到高级，以适应不同学生的理解水平。在课堂活动的设计中，教师应该提供不同难度级别的任务，以鼓励所有学生参与。例如，在进行一个关于爱护植被、绿化祖国的项目时，教师可以为初学者安排基础层次的查找资料的任务，而为更高水平的学生设计较为复杂的不同地区该种植何种植物的方案的任务。通过利用教育技术，教师可以为学生提供个性化的学习路径。这可能包括在线教学平台上的自适应学习活动，或者根据学生兴趣和能力定制的项目任务。在大概念教学的课堂管理中，提供及时和具体的反馈对学生的学习至关重要。教师应使用多种评估工具，如自我评估、同伴评价和教师评价，以帮助学生了解自己的进步和需要改进的地方。鼓励学生参与自我导向学习是提高他们自主学习能力的关键。教师可以通过设置开放式问题和探究任务，激发学生的好奇心，鼓励他们自主探索和解决问题。

三、利用协作学习促进概念理解

协作学习是加强生物学大概念教学的重要策略。通过小组合作，学生可以共同探讨和解决问题，从而加深对生物学概念的理解。小组活动鼓励学生在同伴之间分享知识和观点，共同构建知识，这不仅促进了学生的社交技能，也增强了他们的批判性思维和问题解决能力。

为了最大限度地利用协作学习的优势，教师可以设计一系列具有挑战性的小组项目，这些项目要求学生运用多种生物学概念解决实际问题。例如，在

---

① 马桂花. 差异化教学策略在初中物理教学中的应用 [J]. 读天下，2020（30）：127.

"人类活动对生物圈的影响"单元，学生可以分小组研究不同行业的人类行动，并分析人类活动对该生态系统的影响。有效的小组互动需要教师的精心设计和引导。教师应确保每个学生都在小组中有明确的角色和任务，并定期监督小组的进展。此外，教师可以提供结构化的讨论指南或问题列表，以引导学生进行深入和有成效的讨论。现代教学工具，如在线协作平台和互动软件，可以极大地增强协作学习的效果。这些工具允许学生在虚拟环境中共享资源、讨论问题，并共同完成任务。例如，使用在线论坛或协作文档，学生可以在课外继续讨论和协作，进一步加深对生物学大概念的理解。在协作学习的过程中，自我和同伴评价是重要的反馈机制。教师可以鼓励学生定期评估自己和同伴在项目中的贡献，并提出改进建议。这种评价方式不仅有助于学生反思自己的学习过程，还促进了团队内的相互尊重和责任感。将现实世界的问题和案例融入协作学习项目，能够使学生更加投入。这种方法使学习更具现实意义，学生能够看到他们学到的生物学知识在现实生活中的应用。例如，学生可以研究当地一个受威胁物种的保护策略，或分析一个环保问题的生物学原理。

四、游戏化学习在生物学教学中的应用

游戏化学习是将游戏元素和原理应用于教学过程的一种创新方法。在生物学教学中，游戏化学习可以提高学生的参与度和兴趣，使复杂的生物学概念变得更加易于理解和吸收。例如，教师可以设计基于遗传学原理的角色扮演游戏，学生通过"培育"虚拟生物来学习基因型和表型的概念，同时理解遗传学在生物进化中的作用。

情景模拟活动允许学生在控制和安全的环境中探索复杂的生物学概念。通过模拟生态系统的变化或演示细胞内的分子过程，学生可以直观地理解这些过程，并将理论知识应用于实际情境。这些活动不仅加强了学生对生物学知识的掌握，还培养了他们的解决问题和批判性思维能力。

科学探究方法鼓励学生主动提出问题、进行实验和探索。在生物学教学中，教师可以设置开放式的实验项目，让学生自己设计实验来探索特定的生物学问题。通过这种方式，学生不仅学会如何设计和执行科学研究，还能够深入理解科学探究过程的重要性。

在课堂管理中，教师应重视培养学生的批判性思维能力。这包括教导学生如何分析数据、评估证据、识别假设和逻辑错误。例如，在讨论"科学·技术·社会——角膜移植、角膜捐献和人造角膜"的过程中，学生被鼓励评估不同立场的论据，理解复杂的道德和科学问题。在生物学教学中，鼓励学生的自我表达和创造力同样重要。这可以通过艺术项目、创意写作或多媒体演示来实

现。通过这些活动，学生可以用独特的方式展现他们对生物学概念的理解，同时发展他们的创造性思维和表达能力。

五、利用技术工具增强学习体验

在现代教育中，利用技术工具可以显著增强学生的学习体验。例如，虚拟实验室和在线模拟程序为学生提供了探索生物学概念的新途径，尤其在实际实验室条件有限的情况下。这些工具使学生能够在安全、可控的环境中进行实验，探究从细胞结构到生态系统的各种生物学现象。

虚拟实验室可以模拟各种生物学实验，如 DNA 提取、基因克隆或生态系统的动态模拟。这种实验方法不仅节约成本和时间，还能减少实验误差，并允许学生重复实验以加深理解。在线学习平台如 MOOCs（大规模开放在线课程）①和其他教育应用，为学生提供了访问丰富学习资源的机会。通过这些平台，学生可以观看教学视频，参与在线讨论，甚至完成虚拟实验，从而在自己的学习节奏中掌握复杂的生物学概念。

个性化学习路径允许学生根据自己的兴趣和学习速度进行学习。教师可以利用智能学习系统为学生提供定制化的学习材料和活动，以满足他们不同的学习需求。这种方法不仅提高了学生的学习动力，还帮助他们在生物学的不同领域建立深刻的理解。将技术工具融入课堂管理还能鼓励学生成为自主的终身学习者。通过使用各种在线资源和学习工具，学生学会了如何独立寻找信息，批判性地评估资源，并构建自己的知识体系。

技术工具还使得跨学科学习变得更加容易。学生可以使用互联网资源探索生物学与其他学科如化学、物理学、数学和地理学之间的联系，从而获得更全面的科学知识。

六、学生参与的促进

为了有效地强化生物学核心素养，学生参与是不可或缺的一环。教师应采取措施激发学生的主动参与，如设计有趣的探究活动、开放式问题和实际问题的讨论。例如，在研究环境问题时，学生可以参与实地考察活动，通过亲身经历了解问题的实际情况，从而增强对生物学概念的理解和兴趣。

互动反馈是提升教学效果和学生学习体验的关键。教师应采用多种反馈方式，包括即时口头反馈、书面评语和电子反馈，以帮助学生理解自己的学习进度和提升点。例如，在学生完成一个关于细胞结构的项目后，教师可以提供具

---

① Cath McLellan.MOOCs［J］. 英语世界，2023（7）：125–126.

体的反馈，指出他们的优点和需要改进的地方。综合评价方法不仅涵盖学术成就，还包括学生在课堂参与、团队合作、创新思维等方面的表现。这些评价方法可以帮助学生全面理解和掌握生物学的核心素养，同时鼓励他们在多个维度上发展。例如，教师可以使用基于项目的评估、同伴评价和自我评估的组合，以全面评价学生的学习成果。教师应该定期收集学生的反馈以改进教学方法和课程内容。通过问卷调查、讨论会或一对一会谈，教师可以了解学生对课程的看法，以及他们对学习材料和教学方法的建议。这些信息对于调整教学计划，确保教学活动满足学生需求至关重要。设计综合性学习项目，能够帮助学生将学到的知识应用于实际情境中，从而加深对生物学大概念的理解。这些项目通常跨越多个学科领域，要求学生综合运用他们的知识和技能来解决复杂问题。例如，一个关于生态可持续性的项目可能涉及生物学、化学和社会学的知识，挑战学生从多个角度分析问题。

通过将大概念教学融入课堂管理中，教师可以创造一个有利于学生学习和成长的环境。通过这种方式，学生不仅能够掌握生物学的基本概念，还能发展必要的思维能力和实践技能，为未来的学术和职业生涯做好准备。

第二节　结合大概念教学的学生互动策略强化中学生物学核心素养

一、通过学生互动探索生物学大概念

在中学生物学教学中，结合大概念教学的学生互动策略是提升学习效果的关键。通过促进学生之间的互动和交流，可以深化他们对生物学概念的理解，同时培养必要的社交和协作技能。

教师需要创造一个鼓励学生互动的环境，包括营造一个安全、尊重和支持的课堂氛围，让学生感到自己的观点被重视，并且愿意分享和讨论自己的想法。在这种环境中，学生能够自由地表达自己的见解，同时尊重并考虑同伴的观点。分组讨论是促进学生互动的有效方法。教师可以根据生物学的大概念，如人体的呼吸、人体内物质的运输或人体内废物的排出，组织分组讨论活动。在这些讨论中，学生被鼓励以小组形式探讨和解决与这些概念相关的问题，从而加深对这些概念的理解。在分组讨论中，教师应鼓励学生发展批判性思维能力。通过提出挑战性问题，引导学生深入思考并分析生物学概念，教师可以促进学生的深度学习。例如，教师可以要求学生探讨生物多样性的重要性以及人类活动对生物多样性的影响。

为了更有效地促进学生互动，教师可以设计一系列互动式教学活动。这些活动可以包括角色扮演、辩论、模拟实验或案例研究。通过这些活动，学生不仅能够积极参与学习过程，还能够在实践中应用和加深对生物学概念的理解。现代科技工具，如在线论坛、协作软件和社交媒体平台，可以显著增强学生之间的互动。教师可以利用这些工具促进学生在课堂外的讨论和协作，从而延伸学习体验。

二、项目式学习的应用

项目式学习是一个高度互动和学生主导的教学方法，通过它，学生可以在探究生物学大概念的同时发展关键技能，如研究、团队合作和问题解决。在这种方法中，教师指导学生选择一个与课程相关的主题或问题，并以小组形式进行深入研究。例如，学生可以选择研究本地生态系统的变化，分析其对生物多样性的影响。

在项目式学习中，学生将有机会发展自己的研究技能。教师可以引导学生学习如何收集和分析数据、如何评估信息的可靠性以及如何呈现研究结果。这些技能不仅对学习生物学概念重要，也对学生未来的学术和职业生涯至关重要。实地考察为学生提供了将课堂学习应用于现实世界的机会。通过参观科学中心、自然保护区或实验室，学生能够亲身体验生物学概念的实际应用。这些体验强化了他们对生物学知识的理解，并激发了他们对科学的兴趣。学生互动不应局限于课堂内。教师可以鼓励学生参与课外的科学俱乐部、生物学竞赛或社区环境项目。这些活动不仅为学生提供了应用和扩展他们的知识的机会，也有助于他们发展领导能力和公民责任感。在设计互动学习活动时，教师应考虑到学生多样性并努力创造一个包容的学习环境。这意味着要考虑到不同学生的背景、兴趣和学习风格，并设计能够满足所有学生需求的活动。在结合大概念教学的学生互动策略中，鼓励学生的自主性和创新思维至关重要。教师可以通过提供选择性的项目主题和灵活的工作方式实现这一点，从而激发学生的创造力和个人投入。这种方法不仅有助于学生深入理解生物学的复杂概念，还能够培养他们成为未来的创新者和问题解决者。

三、促进批判性思维的互动讨论

在生物学教学中，批判性思维的培养是必不可少的。为了促进这一能力的发展，教师可以组织互动讨论，重点在于挑战学生的前设假设和理解。通过分析案例、解决问题或探讨生物学中的道德和伦理问题，学生被鼓励发展独立的思考和论证能力。

案例研究是一种有效的教学工具，可以帮助学生在真实世界的情境中应用和理解复杂的生物学概念。教师可以选择与课程内容相关的实际案例，例如研究特定物种的保护策略或分析环境变化对生态系统的影响。学生通过研究这些案例，能够更好地理解理论知识在实践中的应用。角色扮演是一种有效的学习方法，它促使学生从不同的角度和立场探讨生物学问题。在小组活动中，学生可以扮演科学家、环境保护者、政府官员或其他相关角色，讨论如何处理特定的生物学问题。这种方法不仅提高了学生参与度，还帮助他们发展理解多元观点的能力。多媒体资源，如视频、播客和互动软件，可以丰富学生的学习体验，使复杂的生物学概念更易于理解和吸收。教师可以整合这些资源到课程中，增加学生对生物学主题的兴趣和参与度。例如，观看关于生物多样性的纪录片，可以帮助学生更直观地理解这一概念。科学写作是一个重要的学习工具，能够帮助学生清晰地表达自己对生物学概念的理解。教师可以鼓励学生撰写实验报告、论文或博客文章，以此展示他们对生物学概念的理解和应用。通过这种方式，学生不仅能够加深对概念的理解，还能够发展写作和批判性思维能力。

为了促进学生之间的有效互动和参与，教师可以设计一系列互动式课堂活动。这些活动可能包括小组讨论、实验设计、模型构建或互动演示。通过参与这些活动，学生不仅能够在实践中应用所学知识，还能在团队合作的环境中发展沟通和协作技能。

四、促进创新思维的教学方法

创新思维是当今教育的关键目标之一，特别是在生物学这样一个不断进步和变化的领域。为了培养学生的创新能力，教师可以引入以问题解决和探究为基础的活动。例如，通过设计生物实验来探索未知问题或使用创造性思维解决实际生物学问题，学生被激励去思考超出传统范畴的解决方案。

科学实验是生物学教学中不可或缺的部分。通过实验学生可以直接观察和探究生物学现象，增强对概念的理解。为了促进更深层次的学习，教师可以设计互动式实验，其中，学生被鼓励以小组合作的形式设计和执行实验，分享结果，并就实验过程和发现进行讨论。在生物学教育中，交叉学科的学习越来越重要。通过将生物学与其他学科（如数学、化学、地理或社会学）结合，学生可以从更广泛的角度理解生物学概念。教师可以通过设计跨学科项目促进这种综合学习，如研究气候变化对生物多样性的影响，这不仅涉及生物学，还涉及地理和环境科学。同伴评价是一个强大的学习工具，可以帮助学生从同伴的角度获得不同的见解和反馈。通过互相评价对方的项目、报告或演讲，学生可以学习如何客观地评价工作，同时获得宝贵的反馈来改进自己的工作。

随着教育技术的发展，有许多工具和平台可以用来增强学生间的互动。在线讨论板、协作软件和教育游戏都是强化互动学习的有效工具。这些平台可以用来讨论课程内容、共享资源或进行虚拟合作，为学生提供了更多样化和动态的学习体验。通过上述策略，教师可以有效地将大概念教学与学生互动结合起来，不仅提高了学生对生物学核心概念的理解，也培养了他们的批判性思维、创新能力和协作技巧。这些技能对于学生在学术和未来职业生涯中的成功至关重要。

五、丰富多样的学生表达方式

在生物学教育中，提供给学生多种表达自己理解和想法的方式是至关重要的。教师可以鼓励学生通过不同的媒介和形式，如口头报告、海报制作、数字媒体项目或艺术作品，来表达他们对生物学概念的理解。这种多样化的表达方式不仅增强了学生的创造力，还使得每个学生都能找到适合自己的表达途径。

模拟活动能够提供给学生一个现实世界情境下的实践体验。例如，在学习人教版《生物》（八年级下册）的"传染病和免疫"章节时，教师可以设置一个模拟传染病防控项目，让学生扮演不同角色，如居民、政策制定者或医生，共同探讨如何解决一个具体的环境问题。这样的活动不仅增强了学生对生物学知识的理解，还培养了他们的团队合作和决策能力。有效的反馈循环对于学生理解和改进学习至关重要。教师可以通过定期的自我评估、同伴评价和教师反馈建立一个反馈系统。这种持续的评价过程能够帮助学生及时了解自己的学习进展和自己的优势及需要改进的领域。

教师应鼓励学生在课堂内外进行正式和非正式的讨论。正式讨论可以在课堂上通过辩论、研讨会或小组讨论形式进行；非正式讨论可以在课后的学习小组、社交媒体群组或课外活动中自然发生。这些讨论不仅促进了学生间的思想交流，还加深了他们对生物学主题的理解。实践是学习生物学的关键。通过实际的实验、野外考察或参与社区生物学项目，学生可以将课堂上学到的理论知识应用于真实世界的情境中。这种实践中的学习体验不仅让生物学变得更加生动和有意义，还帮助学生发展实际操作技能和应用知识解决问题的能力。

通过多样化的互动策略和活动，教师可以有效地结合大概念教学和学生互动，以增强中学生物学核心素养。这些策略不仅促进了学生对生物学的深入理解，还培养了他们的批判性思维、创造力和协作能力，为他们未来的学术和职业发展奠定了坚实的基础。

六、重视个体差异与个性化学习

在应用大概念教学的学生互动策略时，教师需重视学生的个体差异。学生在学习风格、兴趣点和能力水平上存在差异，因此个性化学习的实施至关重要。教师可以通过提供多样化的学习材料和活动，以满足不同学生的需求。例如，为视觉学习者提供图表和视频资源，为动手操作型学习者设计实验和模型构建活动。

分层教学能够有效地应对学生能力的多样性。通过将学生分为不同的学习小组，根据他们的学习水平和需求设计活动和任务，教师可以更有效地促进每个学生的学习。高层次学习小组可能致力于更复杂的任务和深度探究，而初级小组则可能专注于基础概念的理解和应用。学生自我反思和评估是学习过程中的重要环节。教师可以引导学生定期评估自己的学习进度和理解情况，鼓励他们设置学习目标和计划。这种自我管理的学习方式不仅提高了学生的自主性，也帮助他们更好地理解自己在学习过程中的优势和挑战。为了加强学生对大概念的理解，教师可以布置反思性和应用性作业。这些作业要求学生不仅重述知识点，而且应用这些概念解决问题或进行创造性思考。例如，学生可能被要求设计一个实验来测试某个生物学理论，或写一篇论文来探讨某个生物学问题在社会中的影响。在当今的数字时代，各种互动式技术工具可用于增强学生的学习体验。教师可以利用在线教育平台①、学习管理系统（LMS）和互动应用来促进学生的参与和互动。这些工具不仅提供了丰富的学习资源，还支持学生之间以及师生间的有效沟通和协作。

这些方法不仅加深了学生对生物学概念的理解，而且促进了他们的全面发展，包括批判性思维、创新能力和协作技巧，为他们的未来学术和职业生涯打下了坚实基础。

---

① 黄铭晖，梁斌，张少琪 . 个性化视域下在线教育平台优化策略研究［J］. 中国教育技术装备，2024（1）：3-4.

第三节　在多元学习环境中应用大概念教学以强化中学生物学核心素养

在中学生物学教育中，创建一个多元化的学习环境对于强化学生的核心素养至关重要。大概念教学策略在多元环境中的应用能够促进学生的全面发展，包括知识掌握、技能提升、情感发展和价值观形成。

一、融合多样教学方法

多元学习环境的首要特征是教学方法的多样化。传统的讲授法与现代的互动式教学相结合，能够满足不同学生的学习需求。例如，教师可以在讲解生物学的基础知识时使用直观的演示方法，同时引入小组讨论和项目式学习，让学生在实践中深化对生物学大概念的理解。

现代教育技术的应用对于构建多元学习环境非常重要。网络课程、互动软件和虚拟实验室[①]等工具可以极大地增强学生的学习体验，提供更加丰富和灵活的学习资源。通过这些技术工具，学生可以访问到最新的生物学信息，同时在虚拟环境中模拟实验和探究，加深对复杂概念的理解。在多元学习环境中，探究式学习是关键的教学策略。通过激发学生的好奇心和探究欲，教师可以引导他们主动探索生物学的各个领域。例如，学生可以在小组内进行动物的运动和行为的研究，自行设计实验来探讨不同动物的相似或者完全不同的行为以及这些行为的意义。实际操作经验对于学生理解生物学概念至关重要。在多元学习环境中，教师应提供足够的机会让学生通过实验、野外考察等活动亲身体验和操作。这些活动不仅帮助学生巩固理论知识，还能够提升他们的观察力、分析能力和实践能力。每个学生的学习需求和兴趣点都是独特的。因此，在多元学习环境中，支持个性化学习路径变得尤为重要。教师可以根据学生的兴趣和能力水平提供定制化的学习计划和资源，从而帮助每个学生按照自己的节奏和方式学习，最大限度地发挥其潜力。生物学是一个与其他学科紧密相连的领域。在多元学习环境中，跨学科学习的促进对于学生理解生物学的

---

① 呼红梅.论虚拟实验室在高中生物教学中的构建［J］.新教育时代电子杂志（教师版），2021（26）：69.

复杂性和广泛性至关重要。通过将生物学与化学、物理、地理等学科相结合，学生能够从不同的视角和层面理解生物学现象，从而获得更加全面和深入的理解。

通过上述方法，多元学习环境能够有效地应用大概念教学策略，为学生提供一个丰富、全面的学习体验，帮助他们在知识、技能和价值观等方面得到均衡发展，从而强化他们的核心素养。

二、建立有意义的实际应用连接

在多元学习环境中，将生物学大概念与实际应用联系起来是至关重要的。教师可以设计活动，使学生能够将所学的概念应用于现实生活中的问题。例如，通过研究宠物猫狗的毛色，学生可以更深入地理解遗传与变异的相关概念。这样的实践活动不仅增强了学生对生物学概念的理解，还提升了他们的环境意识和社会责任感。

多元学习环境应鼓励学生间的协作和交流。通过小组合作项目，学生可以共同探究生物学问题，分享彼此的观点，共同寻找解决方案。这种协作不仅提高了学生的社交技能，还促进了他们对生物学概念的深入理解和批判性思维的发展。在多元化的学习环境中，培养学生的批判性思维极为重要。教师可以通过挑战性的问题、案例分析和辩论等方法，激发学生对生物学概念的深入思考。例如，讨论遗传工程的伦理问题或气候变化对生物多样性的影响，可以促使学生从多个角度审视问题，并发展独立的思考和判断能力。考虑到学生能力和学习风格的多样性，教师在多元学习环境中应采用差异化的教学策略。这可能包括提供不同级别的学习材料、设计适应各种学习风格的活动，以及提供个性化的反馈和支持。这样的教学策略能确保所有学生都在自己的能力范围内获得成功和进步。

现代教育技术为多元化学习提供了广泛的资源和工具。利用在线资源、教育应用程序和数字平台，教师可以提供更加丰富和互动的学习体验。例如，通过虚拟实验室模拟，学生可以在没有实际实验条件的情况下探索复杂的生物学过程。在多元学习环境中，鼓励学生进行自主学习至关重要。教师可以设定开放式的学习目标，让学生自己探索感兴趣的生物学领域，自行设定研究问题并寻找答案。这种自主性不仅提高了学生的学习动力，还有助于培养他们的研究能力和终身学习的习惯。

通过在多元学习环境中应用大概念教学策略，教师能够为学生提供一个全面、互动和个性化的学习体验，从而有效地强化他们的中学生物学核心素养。

三、利用评估作为学习的工具

在多元化的学习环境中，评估不仅是衡量学生学习成果的手段，同时是促进学习的重要工具。教师可以设计多样化的评估方式，如项目评估、口头报告、同伴评价等，以衡量学生对生物学大概念的理解和应用能力。这样的评估方法鼓励学生反思自己的学习过程，同时提供反馈，以指导他们的未来学习。

情境化学习是在多元学习环境中强化生物学核心素养的关键。通过创造与真实世界相关的学习情境，学生可以在实际的环境中应用所学知识。例如，教师可以组织学生参与社区环保项目，或者调查当地生态系统的变化，让学生在实际操作中深化对生物学概念的理解。在多元化的学习环境中，教师应激励学生发展创造性和批判性思维。这可以通过设计开放式的探究项目、挑战性的问题或创新性的实验实现。这种教学方式鼓励学生不仅要记忆和理解生物学概念，还能够批判性地评估这些概念，并在新的情境中创造性地应用它们。为了加深学生对生物学的理解，教师可通过跨学科整合的方式，将生物学与其他学科（如数学、物理、化学或地理）结合起来。这种整合不仅帮助学生看到生物学在不同领域的应用，还能增强他们对生物学概念的深层理解。例如，通过将生态系统研究与数学建模结合，学生可以更好地理解生态系统的动态和复杂性。

实践和经验学习在强化生物学核心素养中起着关键作用。通过实地考察、实验操作和实际项目，学生可以直接体验和探索认识生物的多样性。这种经验学习不仅加深了学生的知识理解，还培养了他们的观察能力、分析能力和解决问题的能力。在全球化的时代背景下，培养学生的全球视野和文化意识是多元学习环境的重要目标。教师可以通过引入国际案例、与其他国家的学生合作项目或讨论全球性的生物学问题，来拓宽学生的视野。这样的学习经历不仅提高了学生对生物学全球性挑战的认识，还培养了他们的跨文化沟通和协作能力。

综合以上策略，多元学习环境中的大概念教学能有效地强化学生的中学生物学核心素养，促进他们成为具有批判性思维、创造力和全球视野的终身学习者。

四、强调情感和价值观的培养

在中学生物学教育中，除知识和技能的传授，情感和价值观的培养也非常重要。教师可以通过讨论生物伦理、环境保护和可持续发展等主题，提升学生对生命的尊重和对自然环境的责任感。通过这些讨论，学生可以理解生物学知识不仅仅是学术问题，更与个人和社会的决策密切相关。

在多元学习环境中，家庭和社区的参与对于强化学生的生物学核心素养同样重要。教师可以鼓励学生将课堂上学到的知识带回家，与家人一起探讨，或者参与社区的环保活动。这样的参与不仅加深了学生对生物学概念的理解，还帮助他们将学到的知识应用于现实生活中，增强学习的实用性和相关性。

在当今信息时代，多媒体和跨媒体成为重要的学习资源。教师可以利用视频、音频、在线课程等多种媒介来丰富教学内容。这些资源不仅使课堂更加生动有趣，还可以帮助学生从不同角度、以不同形式理解生物学概念。鼓励学生进行个人探究和研究是培养其自主学习能力的重要途径。教师可以指导学生自行选择感兴趣的生物学话题进行深入研究，鼓励他们提出假设、设计实验并进行数据分析。这种研究过程不仅提高了学生的研究技能，也促进了他们对生物学的深入理解。教师应灵活地综合应用各种教学策略，包括讲授、讨论、实验、案例研究、项目式学习等，以满足不同学生的学习需求和偏好。这种综合应用不仅能够提高教学的有效性，还能够激发学生的学习兴趣，为他们提供全面的学习体验。

五、集成实验室和现场学习体验

在多元学习环境中，实验室和现场学习体验的集成对于深化学生对生物学大概念的理解至关重要。教师可以组织实验室活动，让学生亲手进行科学实验，如观察微生物、解剖植物或动物标本，以及进行基因实验等。此外，现场考察，如访问湿地、森林或其他自然保护区，可以让学生在真实的生态环境中观察和学习，增加他们对生物多样性和生态系统的直观理解。

鼓励学生参与社会服务和社区活动是多元学习环境中的重要组成部分。这些活动可以包括参与环境清洁、社区园艺项目或在地方自然博物馆担任志愿者等。通过这些活动，学生可以将课堂上学到的生物学知识应用到现实世界中，同时培养他们的社会责任感和环境保护意识。在全球化的背景下，培养学生的跨文化理解和全球意识对于生物学教育至关重要。教师可以介绍国际生物学研究和全球环境问题，让学生了解不同文化和国家在生物多样性保护、环境可持续发展方面的努力和挑战。这种全球视角的教学可以拓宽学生的视野，增强他们对生物学在全球范围内的重要性的认识。项目式学习是多元学习环境中的一种有效教学方法。教师可以指导学生开展长期项目，如生态系统监测、生物多样性调查或生物科技研究项目。这些项目不仅可以深化学生对生物学大概念的理解，还能提高他们的研究技能、团队合作能力和项目管理能力。

有效的教学是一个持续改进的过程。教师应定期收集和采纳学生的反馈，以及监控学生的学习成果，以不断调整和改进教学方法。这包括对教学内容、教学策略和评估方法的反思和优化，以确保教学活动能够有效地满足学生的学习需求和目标。

通过提供丰富多样的学习体验、强调实践和应用、促进全球视野和跨文化理解，以及不断地对教学方法进行反思和改进，教师可以帮助学生建立深厚的生物学知识基础，培养他们成为有责任感、有创造力和批判性思维能力的全面发展的学习者。

六、结合现代技术增强教学互动

在当今科技日益发展的背景下，利用现代技术手段增强教学互动是多元学习环境中不可或缺的一环。这包括使用互联网资源、虚拟现实（VR）[1]、增强现实（AR）[2]等工具提供更加生动、直观的学习体验。例如，通过虚拟现实技术，学生可以"走进"细胞内部，直观地观察和理解细胞结构和功能，或者模拟探索不同的生态系统。

在多元学习环境中，发展学生的信息素养和媒体素养非常关键。这意味着教师不仅要教授学生如何获取和处理信息，更要教会他们如何批判性地评估信息的准确性和可靠性。例如，指导学生识别和分析网络上关于生物学的各种信息源，培养他们独立思考和判断的能力。为了全面评价学生的学习成果，教师应采用多元化的评价方式。在多元学习环境中，强调生物学的社会和伦理意义对于培养学生的全面素养至关重要。教师可以引入与生物学相关的社会问题和伦理挑战，如基因编辑的伦理讨论、生物多样性保护的社会责任等，使学生认识到，生物学知识不仅是学科学问，更与社会进步和人类未来息息相关。

通过提供富有启发性和挑战性的学习体验，激发学生的好奇心和探究欲，教师可以帮助学生建立持续学习的动力。例如，鼓励学生参与科学俱乐部、订阅生物学相关的杂志或参加在线开放课程（MOOCs），以持续扩展他们的知识和视野。在多元学习环境中综合运用上述策略，大概念教学不仅能够有效地加深学生对生物学知识的理解，还能够培养他们的批判性思维、创新能力、社会责任感以及终身学习的能力。这样的教育模式为学生提供了全面的学习体验，为他们在未来的学术和职业生涯中奠定坚实基础。

---

① 金德荣.虚拟现实技术走进课堂［J］.小学科学，2024（2）：3-4.
② Arina Golosovskaya.增强现实走进教室［J］.疯狂英语（新阅版），2019（9）：33-34+61.

第四节　将大概念教学与课程开发相结合以强化中学生物学核心素养

在中学生物学教育中，将大概念教学与课程开发相结合是一种创新的教学方法。这种方法不仅提高了教学的有效性，而且有助于学生全面理解生物学的核心概念和原理。通过整合这两个方面，教师可以创建一个富有挑战性和启发性的学习环境，促进学生在认知、技能和情感上的全面发展。

一、融合课程内容与大概念

课程内容的设计应紧密围绕生物学的大概念展开，确保每个单元和话题都与核心概念相连。例如，在人教版《生物》(八年级下册)"健康地生活"单元中，教师可以围绕健康生活的多种方式、常见传染病有哪些，以及如何评价自己的健康状况进行教学。通过这样的设计，学生不仅能够理解健康生活的具体知识点，还能够把握在生活中保持健康的生活习惯。

课程中应包含丰富的实践活动，与理论学习相结合。通过实验、项目制作、实地考察等活动，学生能够在实际操作中体验和应用所学的理论知识。例如，在生态学的学习中，教师可以安排学生进行实地生态系统观察，或者在实验室中模拟生态系统的构建和维持，这样的活动有助于学生深入理解生态系统的复杂性和动态性。在结合大概念教学的课程开发中，应着重于发展学生的批判性思维和创新能力。通过提出开放式问题、鼓励独立研究和创新实验设计，学生可以在探索未知和解决问题的过程中锻炼并提升这些能力。例如，教师可以引导学生探讨生物技术在现代社会中的应用和伦理问题，促进学生从多角度思考并形成自己的观点。

生物学作为一门科学学科，与其他学科（如化学、物理、数学和地理等）有着密切的联系。在课程设计中融入跨学科的元素，可以帮助学生更全面地理解生物学知识。例如，通过将生物学知识与数学模型相结合，学生可以更加深入地理解癌细胞的分裂模式。考虑到学生的多样性和个性化需求，课程设计应灵活多样，能够适应不同学生的学习风格和兴趣。为此，教师可以提供多种学习材料和资源，如视频教程、互动软件和在线论坛，以及提供多样化的学习任务和评估方式，确保每个学生都能找到适合自己的学习路径。

通过将大概念教学与课程开发紧密结合，教师可以创造一个全面、动态和互动的学习环境，有效地强化学生的中学生物学核心素养。这种教学方式不仅能够提高学生对生物学知识的理解，还能够激发他们的学习兴趣，培养他们成为有责任感和创新精神的终身学习者。

二、采用跨学科案例研究

为了提高大概念教学的效果，采用跨学科案例研究是一个有效的策略。通过分析现实世界中的生物学案例，学生可以更好地理解和应用生物学知识。例如，研究关于生态系统恢复的案例可以帮助学生理解人类活动对生态系统的影响，同时整合化学、地理和社会学的知识，增加学习的深度和广度。

现代技术工具，如在线学习平台、虚拟实验室和互动软件，可以极大增强生物学教学的互动性和趣味性。这些工具不仅可以帮助学生以更直观的方式学习复杂的生物学概念，还可以提供个性化学习路径，满足不同学生的需求。将大概念教学与课程开发相结合的一个重要方面是鼓励学生参与社区和环境项目。这些项目可以是本地的生物多样性调查、参与社区园艺或环保活动。这种参与不仅可以将学生从课堂带到现实世界，还可以培养他们的社会责任感和实践技能。

在结合大概念教学的课程中，应重视培养学生的研究和探究能力。通过指导学生开展小规模研究项目，让他们学习如何提出研究问题、收集和分析数据，以及呈现研究成果。这种方法不仅增强了学生的科学探究能力，还促进了他们对生物学的深入理解。在大概念教学中，批判性思考和道德意识的培养不可忽视。教师可以设计课程内容，让学生思考生物学研究和技术的伦理及社会影响，如基因编辑、生物多样性保护等议题。这种教学不仅提高了学生的批判性思维能力，还让他们意识到科学决策的复杂性和重要性。

教师在实施大概念教学时，需要根据学生的反馈和学习进展灵活调整教学方法。这可能涉及调整教学节奏、改变教学活动的类型或提供额外的支持和资源。教师应始终保持开放和灵活的态度，以确保教学活动能够最大限度地满足学生的学习需求。通过以上方法，将大概念教学与课程开发相结合可以为学生提供一个全面、富有挑战和互动的学习环境。这种综合方法不仅有助于学生深入理解生物学的核心概念，还能够培养他们的批判性思维、研究能力和社会责任感，为他们的未来学习和职业生涯打下坚实基础。

三、重视多样性和包容性教学

在将大概念教学融入课程开发时，重视教学的多样性和包容性至关重要。

教师应认识到学生群体在学习风格、兴趣和背景上的多样性，设计包容性强且能适应不同学生需求的教学策略。例如，提供多种学习材料和活动，确保不同学习风格的学生都能从中受益。

在中学生物学教育中，强化学生的沟通和表达能力是关键目标。通过组织辩论、演讲和展示等活动，教师可以提高学生的语言表达能力和交流技巧。例如，学生可以就某个生物学话题进行小组讨论，并在班上展示他们的观点和理解。自主学习和自我评估是学生在学习过程中培养独立性和自我监控能力的重要方面。教师可以通过设计开放式的探究活动和项目，鼓励学生独立寻找信息、分析数据和得出结论；同时，引导学生进行自我评估，帮助他们识别自己的学习强项和需要改进的地方。

将生物学概念与学生的现实生活和全球问题相结合，可以提高学习的相关性和实用性。教师可以引入当前的环境问题、全球卫生挑战或生物技术的进展等话题，使学生认识到学习生物学不仅是为了应对考试，更是为了理解和解决现实世界中的问题。团队合作和协作学习在培养学生的社交技能和团队精神方面发挥着重要作用。通过小组项目、实验合作和团队讨论，学生可以学习如何与他人共同工作、分享知识、解决问题。这不仅增强了他们的团队合作能力，还有助于提高学习效果。鉴于科学知识的快速发展，持续更新课程内容和教学方法是必要的。教师应关注生物学领域的最新发展，将新的发现和理论纳入课程中；同时，不断探索和应用新的教学方法和技术，如在线协作工具和交互式学习平台，以保持教学的现代性和吸引力。

在将大概念教学与课程开发相结合的过程中，应重视多样性和包容性、强化沟通能力、鼓励自主学习、结合现实生活和全球视角、强调团队合作，以及持续更新课程和教学方法，这对于强化中学生物学核心素养至关重要。这些策略不仅有助于深化学生对生物学核心概念的理解，还能培养他们成为具备批判性思维、创新能力和全球意识的未来公民。

四、科学素养与生物学的实用性

在融合大概念教学的课程开发中，强调科学素养[①]的重要性对于学生理解生物学的实用性和应用至关重要。生物学不仅是学习生物体的科学，也是一个工具，可以用来解决现实世界中的问题。例如，通过研究环境生物学，学生可以了解如何利用生物学知识来评估人类活动产生的环境污染对生物的影响，并探索环境污染的治理方法。

---

① 谢亚兰. 提升学生科学素养的实践策略［J］. 小学科学，2023（20）：133–135.

　　生物学课程的设计还应考虑到学生的专业发展和生涯规划。教师可以介绍生物学相关的职业道路，包括科研、医学、环境科学等，帮助学生了解学习生物学可以为他们的未来开辟哪些可能性。例如，组织与在校生物学专家的见面会或职业探索活动，让学生了解生物学专业的各种应用领域。生物学教育不应局限于实验室和课本知识，而应涉及科学与社会的互动。教师可以引导学生思考科学研究如何影响社会政策、伦理决策和公众意识。例如，探讨遗传工程、疫苗开发或生物多样性保护的社会影响，使学生理解生物学作为一门科学在更广泛的社会背景下的意义。在大概念教学中，培养学生的创新和创造力非常重要。教师可以设计课程和项目，鼓励学生运用所学知识创造性地解决问题。例如，让学生设计一个小型生态系统恢复项目，或者创造一个与生物学相关的科学公众展示，这些活动不仅促进了学生对生物学概念的深入理解，还激发了学生的创造思维。

　　在课程设计中应用大概念教学还需要采用多样化和全面性的评价方法。这意味着评价不仅应考虑学生的理论知识和考试成绩，还包括实践技能、项目表现、团队合作和创造力等方面。通过这种方式，教师可以更全面地了解学生的学习进展和能力发展。通过在课程开发中整合大概念教学，不仅可以提高生物学教学的质量和效果，还能为学生提供一个全面的、实践性的学习环境。这种教学方式鼓励学生主动探究、创新思考，并为他们的未来学习和职业生涯提供坚实基础。

　　在生物学课程中融合大概念教学时，强调环境意识和可持续发展的重要性是至关重要的。通过讨论全球变暖、物种灭绝和生态平衡等问题，教师可以激发学生对环境保护的兴趣和责任感。例如，通过项目式学习，学生可以研究本地生态系统的健康状况，探讨人类活动对生物多样性的影响，并提出可持续性解决方案。

　　将文化和历史视角融入生物学教学，可以丰富学生的学习体验。通过研究不同文化中的传统医学、原住民的自然知识或历史上的重要生物学发现，学生可以更全面地理解生物学知识的发展和应用。这种跨学科的方法不仅拓宽了学生的视野，还增加了学习的趣味性和相关性。为了强化生物学教学，鼓励学生与科学社区互动是一个有效的方法。这可以通过组织访问当地科学研究机构、参与科学会议或与专业生物学家交流来实现。这种互动不仅为学生提供了了解真实科学研究的机会，还能激发他们对生物学作为一门职业的兴趣。在结合大概念教学的课程中，采用个性化学习路径对于满足学生的不同需求和兴趣至关重要。通过提供选择性课题、自主研究项目或定制化的学习材料，教师可以支持学生根据自己的兴趣和能力来学习。这种方法有助于提高学生的学习动力和参与度。

在大概念教学的课程中，实施综合性的学习评估是必要的，包括评估学生的知识掌握程度，评估他们的实践技能、创新思维和协作能力。例如，除传统的考试和测验，教师还可以通过学生的项目作品、实验报告和团队表现来评估他们的综合学习成果。通过上述方法，将大概念教学与课程开发相结合不仅能够提升学生的学习效果，还能够培养他们作为未来科学家和有责任感的公民的必要技能和素养。这种综合方法有助于学生深入理解生物学的重要性，并将所学知识应用于解决现实世界中的问题。

五、整合生物伦理教育

在生物学课程中整合伦理教育对于培养学生的责任感和道德判断至关重要[1]。探讨生物伦理问题，如基因编辑、克隆技术、生物多样性保护等，不仅有助于学生理解生物学知识的社会和伦理影响，还有助于培养他们的批判性思维和伦理判断能力。教师可以设计案例研究、角色扮演和辩论等活动，让学生从不同角度探讨这些问题。

全球视野的培养是生物学教育的重要组成部分。通过研究全球环境问题、国际生物学研究成果和跨国生物科技公司的案例，学生可以了解生物学在全球范围内的应用和影响。这种全球视野有助于学生认识到生物学知识和技能的全球重要性，激发他们对国际生物学发展的兴趣。为了提高教学效果，教师应不断探索创新的教学手段和资源。使用多媒体工具、在线学习平台和虚拟实验室等现代技术，可以使课程内容更生动、直观。此外，通过社交媒体、网络论坛和博客等工具，教师可以创造一个互动和参与性强的学习环境。

在实施大概念教学的过程中，重视学生的反馈并根据反馈持续改进教学是非常重要的。教师应定期收集学生的意见和建议，了解他们的学习体验和需求。基于这些反馈，教师可以调整教学内容、方法和评估方式，以更好地满足学生的学习需求。

通过将大概念教学与课程开发相结合，不仅加深了学生对生物学核心概念的理解，还培养了他们的批判性思维、伦理意识和全球视野。通过创新的教学手段、实地考察和实验学习以及重视学生反馈，教师可以有效地强化学生的中学生物学核心素养，为他们的未来学术和职业发展奠定坚实基础。

---

① 何克艳. 初中生物教学中生态伦理教育的渗透分析［J］. 今天，2023（23）：158-160.

第七章　评估大概念教学在中学生物学核心素养发展中的作用

第一节　大概念教学的评估方法与标准

一、定义评估目标

在评估大概念教学效果的过程中，首先需要明确评估的具体目标。这些目标应围绕学生在大概念教学中的理解程度、应用能力、批判性思维和创新能力等方面展开。例如，评估目标可以是衡量学生对生物学核心概念的深度理解，评价他们如何将这些概念应用于解决实际问题中，以及他们在处理复杂生物学问题时展现出的批判性思维和创新能力。

为了全面评估大概念教学的成效，需要设计多元化的评估工具。这些工具包括但不限于传统的书面考试、项目报告、实验操作、口头陈述和同行评价等。每种工具都有其独特的优势，能够从不同角度捕捉学生的学习成果。例如，书面考试可以评估学生对知识的掌握程度，而项目报告和实验操作则更侧重于评价学生的应用能力和实践技巧。

评估大概念教学的成效还需要制定清晰、具体的评估标准。这些标准应与教学目标和学习成果紧密相关，明确指出每项评估工具所要衡量的具体内容和期望达到的标准。例如，对于项目报告，评估标准可以包括内容的准确性、分析的深度、创新性以及表达的清晰度等。

形成性评估指在教学过程中不断进行的评估，旨在及时反馈学生的学习进度和存在的问题，帮助他们在学习过程中持续改进。这种评估形式强调教师与学生之间的互动，鼓励学生积极参与评估过程。例如，教师可以在课堂上进行即时反馈，或者利用在线平台进行定期的学习进度检查。自我评估和同伴评估是评估大概念教学成效的重要组成部分。通过自我评估，学生可以反思自己的学习过程和成果，更好地了解自己的长处和改进空间。同伴评估则促进了学生之间的互助和交流，帮助他们从同学的角度理解和评价自己的工作。在现代教育环境下，利用技术工具进行评估可以带来额外的便利和效率。例如，使用在线评估系统可以方便地收集和分析学生的学习数据，利用人工智能工具可以帮助教师处理大量的评估信息，更快地提供反馈。

评估大概念教学的过程既需要系统性的设计，也需要灵活多样的实施方式。通过明确评估目标、采用多元化评估工具、制定清晰的评估标准，以及实施形成性评估、自我评估和同伴评估，教师可以全面了解学生在大概念教学中的学习成果，及时调整教学策略，有效提升教学质量。

二、设定明确的评估标准

在评估大概念教学效果时，设定明确、具体的评估标准至关重要。这些标准应明确规定评估的具体内容、期望的学习成果和成功的标志。例如，在人教版《生物》（八年级下册）的"基因在亲子代间的传递"章节评估中，标准可以包括理解 DNA 复制、转录和翻译的过程，能够解释基因表达调控的机制，以及应用这些知识解决具体的生物学问题。

评估标准应包含多个维度，涵盖知识理解、技能应用、批判性思维和创新能力等方面。例如，在评估人教版《生物》（七年级上册）"生物和生物圈"单元时，评估标准不仅应包括对生态系统结构和功能的理解，还应包括环境问题分析的能力、实地调查的技能以及环境保护策略的创新性。

绩效指标是评估学生学习成果的一种有效工具。这些指标应反映出学生对大概念的理解和应用水平。例如，在评估"人体解剖与生理学"单元时，绩效指标可以包括学生对人体各系统功能的理解程度、解剖模型的构建技能，以及健康生活方式的应用能力。在评估过程中，逐步评估和提供连续性反馈是至关重要的。这种方法可以帮助学生了解他们在学习过程中的进展，及时调整学习策略。例如，教师可以在每个学习阶段结束时进行小测试或提供反馈，帮助学生了解自己在掌握核心概念方面的进展。

评估标准应具有一定的适应性和灵活性，以适应不同学生的学习需求和能力。这意味着在某些情况下，教师可能需要根据学生的特点和进展调整评估标准，以确保评估的公平性和准确性。例如，对于需要额外支持的学生，教师可以调整评估的难度或提供额外的资源。评估大概念教学的过程需要综合应用多种评估方法和工具，并建立一套全面、明确且灵活的评估标准。这种综合性的评估策略可以更全面地反映学生的学习成果，促进他们在大概念教学中的全面发展。

三、针对核心素养的评估标准

在大概念教学的评估中，特别关注学生核心素养的发展是必要的。评估标准应涵盖学生的科学思维、问题解决能力、沟通技巧和伦理意识。例如，在生物学领域，核心素养的评估标准可能包括学生对生物多样性重要性的理解、在实验设计中展现的创新思维，以及对生物伦理问题的批判性分析。

评估标准应明确反映出学生对特定学科知识的掌握程度。在生物学课程中，这可能意味着评估学生对细胞结构、遗传机制、生态系统功能等具体知识点的理解。评估标准需要具体到能够检测学生对这些概念的深度理解和应用能力。在评估标准中考量学生的创新与应用能力同样重要。这包括学生在解决生物学问题时展现的创造性思维、独立思考能力以及实际应用知识的能力。例如，评估标准可以包括学生在设计生物实验、提出生物保护策略或解释科学现象时的创新性和实际应用能力。

评估过程中应考虑到学生的个体差异，确保评估标准能够公平地反映不同能力水平学生的学习成果。这可能意味着为不同水平的学生提供不同难度的评估任务，或者在评估时考虑学生的个人背景和学习经历。持续性的评估和反馈对于学生的学习和改进至关重要。评估过程应包括定期的检查点，以及及时、具有建设性的反馈，帮助学生了解自己的进步和需要改进的领域。例如，教师可以在学期中提供多次评估机会，并给予具体的反馈，帮助学生持续提高自己的理解和应用能力。

通过这些综合的评估方法和标准，教师可以更全面地评估学生在大概念教学中的进步和成就，同时为学生提供了持续改进的机会。这种评估方式不仅有助于提高学生的学习成效，还能激发他们对生物学的持续兴趣和热情。

四、采用多角度的评估视角

有效的大概念教学评估需要从多个角度出发，综合考量学生的学习过程和结果，除学生的知识掌握和技能运用，还应包括他们的参与度、合作态度、解决问题的方法等非认知方面的表现。例如，在生物学实验评估中，除了实验技能和报告的质量，还应考虑学生的团队合作能力和实验过程中的创新思考。

评估标准应灵活适应不同学生的需求和能力水平。这意味着在评估过程中，教师可能需要根据学生的学习背景、兴趣和优势调整评估的侧重点。例如，对于在某一领域表现出特别兴趣或才能的学生，教师可以提供更高级别的挑战或深入探究的机会。评估应鼓励学生的自主学习和批判性思维。这可以通过设计开放式问题、研究项目或案例分析实现。这些任务鼓励学生自主探索、分析复杂问题并提出自己的见解。例如，学生可能被要求就某个生物伦理问题进行深入研究并提出自己的观点。

现代技术工具，如在线评估平台和学习管理系统，可以提高评估的有效性和效率。这些工具不仅可以帮助教师更高效地收集和分析学生的学习数据，还可以提供更及时的反馈，帮助学生了解他们的学习进展和改进方向。

大概念教学的评估应是多元化、全面化且灵活的。通过结合多角度的评估视角，灵活适应学生需求的评估标准，鼓励自主学习和批判性思维的评估方式，以及利用现代技术工具，教师可以全面、深入地评估学生在大概念教学中的表现。这种评估方式不仅有利于提升学生的学习成效，还能激发他们对生物学的兴趣和热情，为他们未来的学术和职业生涯奠定坚实基础。

五、结合实际案例的评估

在评估大概念教学效果时，结合具体的生物学章节和实际案例进行评估可以提供深入的洞见。例如，在评估学生对人教版《生物》（八年级下册）"生物的遗传与变异"章节的理解时，可以要求学生分析一个特定生物的进化历史或遗传病例研究。通过这种方式，教师可以直观地看到学生如何将课堂上学到的理论知识应用于实际情境中，从而评估他们对大概念的掌握程度和应用能力。

项目基础评估是一种有效的评估方法。这种方法强调学生在一个综合性项目中应用多个概念和技能。例如，学生可以进行一个关于微型生物圈的项目，其中他们需要调查一个特定环境的生物多样性，并分析数据，然后提出保护策略。这样的项目不仅评估学生对单个概念的理解，还考量了他们整合和应用多个概念的能力。案例研究是评估大概念教学效果的有效工具。通过深入分析特定的生物学案例，学生能够展示他们如何将理论知识应用于解决具体问题中。例如，在学习生物技术的章节后，学生可以分析基因编辑技术在医学上的应用案例，评估其潜在的利弊，并提出自己的观点和解决方案。

在评估中加入创造性任务可以激发学生的创新思维。例如，在生物多样性保护的章节中，学生可以被要求设计一个创新的保护计划，不仅需要使用他们学到的生物学知识，还要展现他们的创造力和问题解决能力。这样的任务不仅评估了学生的知识理解，还考察了他们的应用和创造能力。让学生进行自我反思和参与同伴评价，可以促进他们对自己学习过程的深入理解。例如，学生在完成一个生态学项目后，可以被要求撰写一份反思报告，概述他们在项目中学到了什么，面临了哪些挑战，以及如何克服这些挑战。同伴评价可以提供来自同学的视角，帮助学生从不同角度理解和评价自己的工作。

通过上述方法，教师可以全面地评估学生在大概念教学中的表现，不仅仅是他们对知识的理解，还包括他们的应用能力、创造力和批判性思维。这种全面的评估方式有助于更好地理解学生的学习需求，从而提高教学效果。

六、集成式评估模式的应用

集成式评估模式是一种有效的评估策略，它将不同的评估形式和工具结合起来，为教师提供关于学生学习成果的多维度视角。例如，在评估人教版《生物》（七年级上册）"细胞是生命活动的基本单位"单元时，教师可以结合书面考试、实验报告分析和小组讨论的结果来综合评估学生的理解。这种方法能够全面考查学生的知识掌握、分析能力以及合作和沟通技巧。

基于能力的评估关注学生的实际操作和应用能力，而非仅仅是理论知识的掌握。在进行基于能力的评估时，教师可以设计一系列实际操作任务，如设计和执行实验，解决实际问题，或者实地调查。通过这些任务，学生能够展示他们如何将课堂上学到的理论知识应用于实际情境中。引导学生编写反思日志和维护学习档案是一种有效的评估方法。学生可以在学习过程中记录他们的思考、感悟和学习难点，以及他们如何克服这些挑战。这种方法不仅帮助学生加深对学习内容的理解，还促进了他们的自我评价能力。

例如，教师在完成了"渗透作用"这一概念的教学后，接下来的任务是通过认知诊断评估来检测学生对该概念的理解程度。为了确保评估的准确性和科学性，教师遵循了"设计—执行—确认"的评估流程来构建一个集成式的认知评估模型。

在集成式认知诊断模型的框架下，有三个关键的矩阵组成部分：首先是学生在生物科目测试中的成绩矩阵 X；其次是检验生物知识点的矩阵 Q；最后是反映学生掌握知识点程度的矩阵 A。认知诊断的核心步骤在于准确划分相关的认知属性。教师首先利用文献研究方法初步界定了与"渗透作用"相关的认知属性，其次通过分析和优化这些属性，明确每个属性的具体内容，并根据属性之间的逻辑联系或学生的知识掌握情况来确定这些认知属性的层次结构，最后通过选择特定的题目让学生口头阐述解题过程，进一步检验所定义认知模型的有效性。通过这一系列步骤，教师最终确定了"渗透作用"概念的关键认知属性为：半透膜（A1）、溶液浓度差（A2）、沿浓度梯度移动（A3）。为了确保学生能够有效理解和掌握概念，他们必须先对 A1 和 A2 这两个基本概念有所认识。

构建"渗透作用"认知模型的目的在于评估学生学习该概念的过程以及解

决相关问题所需的技能或能力。教师基于该认知模型和Q矩阵理论制定了针对"渗透作用"的测试试卷，并进行了初步的测试实施。通过分析学生的答题情况，从试题的区分度、信度等方面对测试试卷的有效性进行评估，并根据反馈结果对试卷进行调整，从而提高试卷的整体品质。这样，学生的内在思维过程和认知结构就能有效地与测试内容相匹配。最终，通过正式的测试实施并使用专业软件对数据进行分析，教师能够详细了解学生对"渗透作用"概念中各个认知属性的掌握情况，以及他们对该概念的整体理解模式，进而提高教学的有效性。

　　课堂表现和参与度的评估是衡量大概念教学成效的重要方面。这种评估关注学生在课堂上的积极性、讨论贡献和团队互动。例如，教师可以观察并记录学生在小组活动中的表现，评估他们在团队合作中的角色、贡献和沟通能力。评估学生的创新性和批判性思维能力是了解他们是否能够超越课本知识，发展独立思考能力的关键。这可以通过设计特定的任务或问题实现，这些任务或问题要求学生运用他们的知识，以创新和批判性的方式解决新颖或复杂的问题。例如，学生可以被要求设计一个解决特定环境问题的方案，评估其可行性和潜在影响。

第二节　使用形成性与总结性评估监控中学生物学核心素养进展

一、形成性评估的实施

　　在中学生物学教学中，形成性评估是一个不断进行的过程，它关注学生学习过程中的进展和改进。这种评估方式通过提供及时的反馈和支持，帮助学生理解他们在掌握生物学核心素养方面的进展。例如，教师可以在单元学习的不同阶段进行小测试、课堂观察或学生讨论，以评估学生对生物学关键概念的理解和应用能力。通过这种方法，教师能够及时发现学生的学习难点，并提供针对性的指导和支持。

　　形成性评估的一个关键特点是支持个性化学习路径。通过观察学生的学习表现，教师可以调整教学策略，以满足不同学生的学习需求。例如，对于掌握速度较快的学生，教师可以提供更深入或更具挑战性的材料，而对于需要额外帮助的学生，则可以提供额外的解释、练习或资源。形成性评估还可以通过互动式学习活动来实施。这些活动包括小组讨论、实验室实践、案例研究等，能够激发学生的积极参与和思考。在这些活动中，教师可以通过观察学生的互动和表现来评估他们的学习进程，同时为学生提供了实际应用生物学知识的机会。

在形成性评估之后，总结性评估是评估学生对生物学核心素养掌握程度的关键步骤。总结性评估通常在单元或学期末进行，它通过综合性的测试、项目报告或演示来评价学生的整体学习成果。这种评估方法不仅考查学生对生物学概念的理解，还包括他们的分析、批判和创新能力。在进行总结性评估时，鼓励学生进行反思和自我评估非常重要。通过反思学习过程和自我评估学习成果，学生可以更好地理解自己的优势和需要改进的领域。教师可以引导学生思考他们如何解决学习过程中遇到的挑战，以及他们如何将学到的知识应用于实际情境中。

通过上述形成性和总结性评估的结合，教师可以全面了解学生在生物学核心素养方面的发展，并提供必要的支持和指导。这种评估方式不仅有助于提升学生的学习效果，也促进了他们对生物学的深入理解和长期兴趣。

二、形成性评估的多样化方法

形成性评估不应局限于传统的书面测试，而应包括多种多样的评估方法。例如，教师可以利用观察、学生日志、实验室工作、口头报告或者同学之间的互评来收集关于学生学习过程的信息。这些方法能够提供关于学生如何接触和处理新知识的深入见解，同时促进学生的主动学习和参与。

有效的形成性评估应根据学生的学习进展和教学内容的变化进行灵活调整。例如，如果某个生物学概念对学生来说特别难理解，教师可以通过额外的练习和反馈来加强对该概念的理解。这种灵活适应学生需求的评估方法能够确保评估不是为了打分，而是为了促进学生的学习和理解。

形成性评估可以和日常教学活动紧密结合。例如，在进行生物学实验时，教师可以观察学生如何设计实验、解释结果和进行科学推理。这种实时的评估提供了关于学生学习过程的即时反馈，有助于教师及时调整教学方法，确保学生能够有效地掌握核心概念。总结性评估应综合评价学生对整个单元或课程的掌握程度。这可以通过综合测试、项目报告或演示的形式进行。这些评估应设计得既全面又具有挑战性，以确保能够全面检验学生对关键概念的理解和应用能力。

在形成性和总结性评估中，提供及时、具体、建设性的反馈至关重要。这种反馈不仅应关注学生的错误和不足之处，还应强调他们的成就和进步。良好的反馈能够激励学生，帮助他们识别和强化自己的优势，同时指出他们需要改进的领域。形成性和总结性评估在监控和促进中学生物学核心素养的发展中扮演着重要角色。通过多样化的评估方法和及时的反馈，教师能够更全面地了解学生的学习情况，同时为学生提供了持续改进和深化理解的机会。

三、长期和短期目标的结合

在使用形成性与总结性评估时，将长期和短期的学习目标结合起来至关重要。长期目标侧重于学生对整个学科或单元的深入理解，而短期目标则关注具体的概念或技能。例如，教师可以为学生对整个遗传学单元的理解设定长期目标，同时也设定短期目标，如对孟德尔遗传规律的理解。这种结合可以帮助学生在掌握具体知识的同时，也能理解这些知识在更广泛的生物学领域中的应用和重要性。

现代教育技术为形成性和总结性评估提供了新的可能性。使用在线测验、互动软件和学习管理系统等工具，教师可以更有效地追踪学生的进展，同时为学生提供更多样化的学习和评估方式。例如，通过在线平台，学生可以参与虚拟实验，教师可以远程监控他们的进展并提供反馈。评估学生的自我调节学习能力也是形成性评估的一个重要方面。这包括学生设定学习目标、管理学习时间、使用有效的学习策略和反思学习过程的能力。通过评估这些技能，教师不仅可以帮助学生在生物学上取得进步，还能培养他们成为终身学习者。

评估结果应用于指导教学策略的调整和课程内容的优化至关重要。根据形成性和总结性评估的结果，教师可以决定是否需要重教某些概念、引入新的教学方法或调整课程难度。这样，评估不仅是衡量学生学习成果的工具，也是提高教学质量的手段。在评估过程中，教师与学生之间的沟通非常重要。教师应该确保学生理解评估的目的和标准，同时应该鼓励学生表达他们对学习材料的理解和感受。这种开放的沟通可以帮助教师更好地理解学生的需要，并提供更有针对性的支持。通过这些综合性的评估策略，教师不仅能够有效地监控和促进学生在中学生物学核心素养方面的发展，而且能够培养学生的批判性思维、创新能力和自我调节学习能力。这样的评估方法不仅有利于学生的学术成长，还有助于他们成为更独立和自信的学习者。

四、跨学科整合的评估

在生物学教学中，跨学科整合的评估至关重要。这种评估方式不仅关注学生在生物学领域的知识和技能，还考察他们如何将这些知识与其他学科（如化学、物理或数学）联系起来。例如，在评估遗传学单元时，可以考查学生是否能够利用数学知识来分析基因频率的变化，或者使用化学知识理解 DNA 的结构和功能。

以项目和实践为基础的评估方法允许学生在真实或模拟的生物学环境中展示他们的知识和技能。通过这种方法，学生可以参与实验设计、数据收集和分析，以及呈现他们的发现。这种评估方式不仅考查学生的科学知识，还考查他们的实践能力、创新思维和问题解决技能。案例研究是一种强有力的评估工具，它可以帮助学生将理论知识应用于实际情境。通过分析具体的生物学案例（如疾病暴发、物种保护或生态系统管理），学生可以展示他们的分析能力、批判性思维和决策能力。这种评估方法有助于培养学生的应用和综合能力。

形成性评估中的自我和同伴评价可以帮助学生发展自我反思和批评的能力。通过评价自己和同伴的工作，学生可以更好地理解评估标准，并学会如何提高自己的学习。这种评估方法鼓励学生承担更大的学习责任，同时促进了他们之间的合作和交流。总结性评估应包括对学生在整个学期或学年中学习成果的综合性考核。这可以通过综合测试、研究报告或最终项目展示进行。综合性考核不仅评价学生对生物学概念的理解，还包括他们的分析、合成和评价能力。这种评估方式确保了学生在学习过程中获得的知识和技能能够得到全面的展示和评价。

通过上述多元化和综合性的评估方法，教师能够全面了解学生在生物学核心素养方面的发展，并提供必要的支持和指导。这种评估方式不仅有助于提升学生的学习效果，还能激发他们对生物学的深入理解和长期兴趣。

五、鼓励反思和批判性思维的评估

评估过程中，鼓励学生进行深入反思和批判性思维至关重要。在生物学的学习中，学生应被鼓励不仅要记忆事实，更要理解和质疑这些事实背后的原理及逻辑。例如，在评估生态学的知识时，学生可以被要求探讨和评价不同的生态系统管理策略，并提出自己的见解。这种评估方式不仅测试了学生的知识掌握程度，还促进了他们的高阶思维技能。

以问题为基础的学习（PBL）是一种有效的教学方法，同样是评估学生核心素养的有效手段。在 PBL 中，学生需要解决真实的、复杂的问题，在这个过程中他们将运用和巩固他们的知识。例如，学生可能被要求调查某个特定环境中物种的灭绝原因，并提出保护措施。这种评估方式不仅评价了学生对生物学知识的掌握，还考察了他们的研究、合作和解决问题的能力。评估过程中，让学生进行自我评估并设定个人学习目标是非常有价值的。通过自我评估，学生可以更好地了解自己的学习状态，识别自己的强项和弱项。教师可以引导学生根据这些自我评估结果设定具体的学习目标和改进计划，从而提高他们的自我驱动力和学习效率。

在形成性和总结性评估中，适应性教学和评估的重要性不容忽视。根据学生的评估结果，教师需要调整教学策略，以更好地满足学生的个性化学习需求。例如，对于在某个特定主题上表现不佳的学生，教师可以提供额外的资源或安排补充课程，帮助他们克服学习障碍。在评估过程中，保持评估结果的透明度和与学生及家长的沟通非常重要。教师应该确保学生和家长清楚地理解评估标准和评估结果。这种透明度不仅能够增强学生和家长对评估过程的信任，还能促进家庭和学校之间的合作，共同支持学生的学习和发展。通过这些策略，形成性与总结性评估能够更有效地监督和促进学生在生物学核心素养方面的进步，同时为学生的终身学习和发展打下坚实基础。这种全面、灵活且参与性强的评估方法不仅能提高学生的学习成效，还能激发他们对生物学的兴趣和热情。

六、评估中的差异化教学

在评估中应用差异化教学是至关重要的。这意味着评估方法应根据学生的不同学习风格、能力和进度进行调整。例如，对于视觉学习者，可以使用图表和图像进行评估；而对于动手操作型学习者，可以通过实验和实际操作来评估他们的理解程度。这种个性化的评估方法可以帮助所有学生展示他们对生物学概念的理解和应用能力。

教师在评估过程中应保持灵活性，根据学生的反馈和进展情况对评估计划进行动态调整。如果学生在某个特定领域表现出困难，教师可以提供额外的支持和资源，或者调整评估的难度和焦点。同样，如果学生在某个领域表现出色，教师可以提供更高层次的挑战以进一步激励他们。在生物学教学中，综合性项目可以作为评估工具，帮助学生整合和应用他们学到的知识。例如，学生可以进行一个关于生物多样性的项目，研究不同生态系统中的物种多样性和生态平衡。这种项目不仅评估了学生的科学知识，还考察了他们的研究技能、数据分析能力和报告撰写技能。

在总结性评估中，重要的是不仅关注学生的当前表现，还要考虑他们的长远发展。教师应鼓励学生思考他们在生物学领域的长期学习目标和职业规划。同时，教师和学校应考虑未来评估的方向，如将更多的科技工具和资源整合到评估中，以及探索更多元化和创新的评估方法。通过综合运用形成性与总结性评估，教师可以有效地监督并促进学生在中学生物学核心素养方面的进步。这种评估不仅关注学生的当前学习状态，也着眼于他们的未来发展，确保他们能够在不断变化的世界中保持竞争力和适应性，最终将帮助学生建立对生物学的深刻理解和持久兴趣，为他们未来的学术和职业生涯奠定坚实基础。

第三节　反馈机制的建立与运用

一、反馈机制的重要性

在中学生物学教学中，建立有效的反馈机制对于学生学习和发展至关重要[①]。反馈机制的主要目的是提供及时、具体、有用的信息，帮助学生了解他们在学习过程中的表现，以及如何改进。这种反馈可以来自教师、同伴、自我评估，甚至外部评估。有效的反馈不仅关注错误或不足之处，还强调学生的进步和成功，从而激励学生继续努力并提升他们的学习动力。

及时性是反馈有效性的关键。学生在完成某个任务或活动后应尽快收到反馈，以便他们能够记住相关的学习活动并理解反馈的内容。例如，在学生提交了关于细胞结构的报告后，教师应在短时间内提供反馈，指出他们的分析中哪些部分是正确的，哪些部分需要改进，并给出具体的改进建议。反馈应具体且针对性强，模糊或过于笼统的反馈对学生改进学习帮助不大。例如，对于学生在遗传学实验报告中的表现，教师的反馈应具体到他们在实验设计、数据分析或结论提炼方面的具体表现，而不仅仅是一个简单的"做得好"或"需要改进"。

反馈的方式可以多样化，包括书面评论、口头讨论、一对一会谈或通过电子媒介。在某些情况下，集体讨论的形式可能更有效，特别是在小组项目或合作学习活动中。这种方式可以促进同伴间的交流和学习，帮助学生从不同角度看待问题，并从同伴的成功中学习。在课堂上建立一种积极的反馈文化对于学生的学习态度和自尊心至关重要。教师应鼓励学生接受批评，并将其视为学习和成长的机会。同样，学生应被鼓励相互提供正面且建设性的反馈。这种文化的建立可以帮助学生开发批判性思维和自我反省的技能，这对他们长期的学术和个人发展都是有益的。

---

① 王靖，巴安妮，吴宝锁. 智能教学反馈的目标、机制与架构［J］. 现代远程教育研究，2023（3）：102–112.

通过这些策略，中学生物学教学中的反馈机制不仅可以促进学生对生物学概念的理解，还能提高他们的分析、批判和解决问题的能力。有效的反馈不仅是学习过程的一部分，也是培养学生成为自主学习者、批判性思考者和终身学习者的关键。

二、学生参与反馈过程

学生的主动参与是反馈过程的一个关键环节。教师应鼓励学生不仅被动接受反馈，而且主动寻求反馈和对反馈进行反思。这可以通过设立定期的自我评估时间，让学生评价自己的学习进展和理解程度，然后与教师或同伴的反馈进行比较实现。例如，在学习生物学的某个复杂概念后，学生可以自我评估他们对该概念的理解，并与教师提供的反馈进行对比，以便更好地了解自己的学习状态。

为了提高反馈的效果，应考虑到每个学生的独特性和个别需求。个性化的反馈可以更直接地解决学生特定的问题和挑战。例如，针对在某个生物学实验中遇到困难的学生，教师可以提供专门针对该学生实验技巧和数据分析能力的反馈，而不是一般性的评论。这种个性化的方法有助于学生在具体领域取得进步。有效的反馈应与学生的学习目标相结合。学生在接收到反馈后，应与教师一起设定实现这些目标的步骤。这种方法可以帮助学生将反馈转化为具体的行动计划，从而更有效地改进他们的学习。例如，如果学生在细胞生物学的某个概念上表现不佳，教师可以帮助他们设定具体的学习目标，并制定实现这些目标的学习策略。

为了确保反馈的效果，需要确保反馈过程的连续性和一致性。这意味着教师应持续跟踪学生的进展，确保反馈与学生的长期学习轨迹和发展相一致。例如，在整个学期中，教师可以定期复查学生在生物学核心概念上的理解，确保之前的反馈已被学生吸收和应用。多样化的反馈渠道可以提高反馈的接受度和有效性。除了传统的面对面反馈，教师还可以利用电子邮件、在线论坛或学习管理系统提供反馈。这种多样化的方法可以确保所有学生都能以适合他们的方式接收和理解反馈。一个有效的反馈机制是生物学教学成功的关键组成部分。通过及时、具体、个性化和持续的反馈，结合多样化的渠道，教师不仅能帮助学生在学术上取得进步，还能培养他们的自我反思能力和终身学习技能。这种综合性的反馈策略能够促进学生在生物学领域的深入理解和持续成长。

三、建立反馈的正面氛围

创建一个正面的反馈氛围对于学生接受和利用反馈至关重要。在这样的情境中，学生应感到他们的努力和进步被认可，同时对于需要改进的地方也能保持开放和接受的态度。教师应强调反馈是学习过程的一个正面和必要部分，而不是一种批评或惩罚。例如，教师可以公开表扬学生在生物学项目中的创造性思维或良好的实验操作，同时针对需要改进的地方提供具体和建设性的指导。

有效的反馈应被视为教学策略调整的一部分。教师在了解学生的学习状况后，应根据反馈结果对教学计划和方法进行相应的调整。例如，如果大部分学生在理解遗传学的某个复杂概念时遇到困难，教师可能需要重新讲解该概念，或者采用不同的教学方法，如通过互动游戏或模型帮助学生更好地理解。反馈不应仅限于传统的书面或口头形式。其他形式的反馈，如视觉反馈（例如，使用图表或图示来说明概念的理解程度），或者通过技术工具（如在线测验和互动软件）提供的即时反馈，也是非常有效的。这些多样化的反馈形式可以更好地适应不同学生的学习风格和偏好。

教师不仅要提供反馈，还应培养学生自我反馈和提供同伴反馈的能力。这可以通过教授学生如何有效地评价自己和同伴的工作实现。例如，教师可以设计活动，让学生在小组讨论后相互评价，或者在完成实验后自我反思其实验设计和结果。这种活动有助于学生发展评价和批判性思维技能。重要的是，要确保学生能够整合并应用收到的反馈。这意味着学生不仅要理解反馈的内容，还要能够将其应用于未来的学习中。为此，教师可以引导学生制订行动计划，如设定具体的学习目标或改进策略，以便在后续的学习活动中应用这些反馈。反馈不仅是关于学习成果的信息传递，更是一个动态的、互动的学习过程。通过建立有效的反馈机制，教师可以促进学生对生物学知识的深入理解，同时为学生综合能力的发展提供支持。这种积极、多样化且参与性较强的反馈过程，对于学生在中学生物学核心素养方面的长期发展至关重要。

四、与学生的个性化沟通

有效反馈的一个关键方面是与每位学生进行个性化沟通。每位学生的学习方式、理解程度和感受都有所不同，因此，为他们量身定制的反馈可以更加精准地满足他们的需求。例如，在生物学课程中，对于在生物学领域表现出色的学生，教师可以提供更深层次的研究材料或挑战性问题，以促进其进一步深入学习；而对于在该领域遇到困难的学生，教师可以提供更基础的教材和练习，以帮助他们巩固基础知识。

在提供反馈时，教师应强调正性强化，即关注和表扬学生的努力和进步，而不仅仅是指出他们的不足。这种方法可以提高学生的自信心和学习动力。例如，当学生在生物学实验中取得一定成就时，教师应指出他们正确的实验操作和逻辑推理，同时鼓励他们在未来的实验中继续保持和提升。为了激发学生的潜力，教师在反馈时应适当提出挑战和激励。这可以通过设定高一点的期望标准，或者提供一些需要学生进一步思考和探索的问题来实现。例如，在学习遗传编码的过程中，教师可以鼓励学生思考如何将这些知识应用于现实世界的问题中，如遗传病的治疗或生物技术的发展。

反馈的形式应多样化，以适应不同学生的偏好。除传统的书面和口头反馈，教师还可以使用视频、音频或在线工具来提供反馈。多样化的反馈方式不仅能满足不同学生的需求，还能增加反馈的趣味性和互动性。例如，教师可以通过录制视频展示生物学实验的正确方法，或者使用在线平台进行实时反馈和讨论。反馈应鼓励学生的自主性。教师应鼓励学生根据反馈自主地设定学习目标和计划，培养他们自我管理和自我驱动的能力。例如，教师可以让学生在接收到反馈后，自行制订改进计划或选择适合自己的学习材料。这种做法不仅能提高学生的学习效率，还能帮助他们发展成为终身学习者。这样的反馈机制对于学生掌握生物学核心素养至关重要，有助于他们成为具有批判性思维和创新能力的未来科学家和领导者。

五、反馈的系统化管理

为了最大限度地发挥反馈在学习过程中的作用，教师应考虑将反馈作为系统化的管理过程的一部分。这包括建立明确的反馈时间表、记录反馈结果，并定期回顾反馈的有效性。例如，教师可以在每个学期的开始和中期对学生的学习进展进行评估，并记录下每个学生的进步和需要改进的地方，以便在未来的教学活动中进行参考和调整。

反馈应与课程的整体目标和学习结果紧密对齐。这意味着反馈不仅限于单一的任务或活动，还应涵盖学生在整个课程中的表现和进展。例如，在讲授关于生态系统的单元时，教师应确保反馈不仅针对学生的具体实验操作，还要关注他们对生态系统概念的整体理解和应用。现代技术提供了多种方便、高效的反馈工具。利用在线平台、应用程序或学习管理系统，教师可以快速向学生提供反馈，并跟踪学生的学习进度。例如，通过使用在线测验工具，教师可以即时了解学生对生物学测试题的回答情况，并据此提供个性化反馈。

反馈应全面覆盖学生的学习情况，同时保持平衡性，即反馈既要强调学生的优点和成就，也要指出他们需要改进的地方。这种平衡的反馈方法有助于学生全面了解自己的学习状态，并从中汲取动力和信心。例如，在评估学生对细胞分裂过程的理解时，教师可以提出学生在描述过程的准确性上做得很好，但在理解其背后机制上还需要深入学习。有效的反馈机制还包括对学生学习进展的长期跟踪。教师应定期回顾学生的历史反馈记录，了解他们在不同时间点的学习状态，并据此调整教学策略。长期跟踪可以帮助教师识别学生的学习模式和趋势，从而更好地支持他们的个人和学术发展。通过实施系统化、全面且平衡的反馈策略，教师可以有效地支持学生的学习和发展，帮助他们在理解生物学的复杂概念和培养科学素养方面取得显著进步。此外，将反馈与技术工具相结合，可以进一步提高反馈的效率和有效性，为学生提供更加个性化和针对性的学习支持。

六、持续性和进化性的反馈

在中学生物学教育中，反馈机制应具有持续性和进化性[1][2]。这意味着反馈不应仅在学期结束时发生，而应贯穿整个学习过程。教师应不断地根据学生的学习反应和进展，及时调整反馈的方式和内容。例如，如果学生在某个生物学概念上显示出了显著的进步，教师可以适时提高挑战难度，提供更深入和高级的材料或问题。反之，如果学生在某些领域持续表现不佳，教师应重新考虑教学方法，提供更多的支持和引导。

有效的反馈应促进学生的自我调节学习。这意味着学生应学会根据反馈独立地设定学习目标、调整学习策略并监督自己的学习进度。教师可以通过模拟和引导帮助学生发展这些技能。例如，在完成一个生物学研究项目后，学生应能根据教师的反馈进行自我评估，并决定下一步如何更有效地进行研究。学生导向的反馈强调学生在反馈过程中的主动性和中心地位。教师应鼓励学生提出自己的问题和困惑，并在反馈过程中寻求解答。这种方式使反馈更具针对性和效率。例如，学生在学习细胞生物学的过程中可能对特定的细胞机制有疑问，教师的反馈应针对这些具体疑问进行解答，帮助学生消除困惑。

随着教育技术的发展，创新的反馈方法不断涌现。例如，使用虚拟现实（VR）技术，学生可以在模拟的生物学环境中进行实验，并即时获得反馈。这样的互动和沉浸式体验可以增强学生对生物学学习的兴趣和动力，同时提供更深入和具体的反馈。反馈过程应包括一个总结和反思阶段。这意味着在每个重要的学习阶段或学期结束时，教师和学生应共同回顾和反思整个学习过程中的反馈。这种总结可以帮助学生看到自己的整体进步和成长，同时是教师评估反馈机制有效性的重要环节。

在实施有效的反馈机制时，持续性、进化性、学生导向性和创新方法是关

① 陈柃伊 . 将"旋律—感受"反馈机制融入中学生物课堂的尝试 [J] . 中学生物学，2016（10）：17–19.
② 刘闯 . 智慧教育背景下中学教师教学质量提升的策略分析 [J] . 新课程，2021（33）：153.

键要素。这些策略让教师可以更有效地支持学生的学习，帮助他们在生物学和其他科学领域取得长远和深入的成就。反馈不仅是关于学习成果的通报，还是一个动态的互动过程，对学生的学习态度、动机和自我调节能力产生深远影响。

第四节　利用评估结果改进基于中学生物学核心素养的大概念教学策略

一、理解学生学习差异的重要性

评估结果提供了对学生在中学生物学核心素养和大概念理解上的深入了解，使教师能够识别学生之间的学习差异。这一点对于制定有效的教学策略至关重要。例如，如果一部分学生在理解生态系统的动态平衡方面表现出困难，教师可能需要重新审视并调整这一部分的教学内容和方法。

基于评估结果，教师可以对教学计划和策略进行必要的调整，以更好地满足学生的学习需求。这可能涉及改变教学方法、调整课程内容的深度和难度或引入新的教学资源。例如，如果学生在理解细胞分裂过程中遇到挑战，教师可以考虑引入更多互动式教学工具，如模型或动画，以帮助学生更好地理解这一复杂过程。评估结果还可以帮助教师实施更加个性化的教学方法。通过理解每位学生的学习强项和弱项，教师可以为他们量身定制教学计划，确保每位学生都能在自己的节奏下学习和进步。

现代教育技术工具在利用评估结果改进教学策略中发挥着重要作用。这些工具不仅可以帮助教师更有效地收集和分析评估数据，还可以提供新的教学方法，如在线学习平台、交互式模拟和虚拟实验室，从而增强学生的学习体验。这种技术的运用可以针对学生在特定领域的需求，提供更多样化和丰富的学习资源。评估结果不仅对学生学习有指导作用，也为教师的专业发展提供了宝贵的反馈。通过分析学生的表现，教师可以了解自己的教学在哪些方面是有效的，哪些方面需要改进。这种自我反省和持续的专业成长对于提高教学质量和学生学习成效至关重要。例如，通过反思学生在生物学实验中的表现，教师可能发现需要加强对实验设计和数据分析的教学，以帮助学生更好地掌握科学研究的基本方法。利用评估结果改进基于中学生物学核心素养的大概念教学策略，需要教师对教学内容和方法进行持续的审视和调整。这不仅涉及教学计划的灵活性和个性化，还包括对教学方法的创新和对技术工具的有效运用。通过这种动态和反应灵敏的教学方式，教师可以更好地满足学生的学习需求，提高他们对生物学核心概念的理解和应用能力。

二、强化学生的自主学习和自我评估

在基于评估结果的教学改进中，重要的一步是鼓励学生进行自主学习和自我评估。教师可以指导学生如何利用评估反馈来识别自己的学习盲点和提高点，以及如何设定学习目标和制定实现这些目标的策略。例如，教师可以引导学生分析自己在生物学试卷的表现，找出错误的原因，并基于此制定复习计划。

利用评估结果，教师可以创建基于数据的学习小组，将具有类似学习需求的学生分组。在这些小组中，学生可以相互协助，共同克服学习难点。例如，对于生物学中的遗传学单元，教师可以根据学生在该领域的表现，创建专门的学习小组，针对遗传学中的特定概念进行集中讨论和学习。形成性评估是一种在教学过程中连续进行的评估，旨在监测学生的学习进度并即时调整教学策略。通过实施形成性评估，教师可以及时了解学生的学习状况，并在必要时进行教学干预。例如，在学习细胞结构的过程中，教师可以定期进行小测验，根据学生的表现来调整后续课程的教学深度和难度。评估结果不仅可以用来改进教学方法，还可以用来优化整个课程的设计。通过分析整体课程的评估数据，教师可以识别课程结构中的强项和弱项，以及哪些部分需要调整或增强。例如，如果学生在生物多样性单元的评估中普遍表现不佳，可能意味着这一单元需要更多的实践活动或更详细的概念解释。

有效的评估结果应用也包括加强家庭与学校之间的沟通。通过定期向家长报告学生的学习进展和评估结果，家长可以更好地了解孩子的学习状况，并在家庭环境中提供支持。例如，教师可以通过家长会或学习报告单，向家长提供关于学生在生物学学习中的表现和进步的信息。这样，教师不仅能够根据评估结果改进教学策略，还能够创建一个更加支持和有效的学习环境，促进学生在中学生物学核心素养和大概念的掌握。这种基于评估的动态教学方法有助于提高学生的学习成效，同时促进了教师的专业成长和课程的不断优化。

三、跨学科链接的强化

利用评估结果改进教学策略时，重要的一步是在不同学科间建立链接。通过识别学生在生物学中的核心概念理解情况，教师可以发现与其他学科（如化学、物理或数学）的潜在联系。例如，如果学生在理解细胞呼吸的化学过程方面存在困难，教师可以与化学教师合作，设计交叉学科的教学活动，帮助学生更好地理解这一复杂的生物化学过程。

评估结果可以用来激发课堂上的互动和讨论。通过将评估结果作为讨论的起点，教师可以鼓励学生就他们的理解和观点进行交流。这种基于评估的讨论可以促进学生的深入思考，提升他们对生物学概念的理解。例如，在讨论生态系统的稳定性时，教师可以引用学生在评估中的具体回答，促进关于生态平衡和人类活动影响的讨论。随着教育技术的发展，教师可以利用各种在线平台和软件设计个性化的学习路径。这些技术工具可以根据学生的评估结果提供定制化的学习材料和活动。例如，对于在遗传学单元表现不佳的学生，教师可以利用在线教育资源为他们提供额外的学习材料，如视频讲解、互动练习和模拟实验。

有效地利用评估结果还包括在教师团队之间的共享和协作。通过共享学生的学习成果和挑战，不同科目的教师可以共同努力，支持学生的整体学习进程。例如，生物学教师可以与数学教师合作，帮助学生在统计分析生物数据方面提升能力，从而加强他们对实验结果解释的理解。利用评估结果改进教学策略的过程也是教师专业发展的一部分。通过反思学生的评估结果和自己的教学实践，教师可以持续提升自己的教学技巧和知识。例如，教师可以定期参加专业发展研讨会，学习如何更有效地运用评估工具和策略，以及如何基于评估结果进行创新教学。利用评估结果改进基于中学生物学核心素养的大概念教学策略，需要教师的持续努力和创新思维。通过这些策略，教师不仅能提高学生的学习成效，还能促进自己的专业成长和教育实践的不断优化。

四、实施差异化教学策略

评估结果的深入分析使教师能够对学生群体实施差异化教学策略。这意味着根据学生的学习能力、兴趣和优势，提供不同水平和类型的教学活动。例如，对于理解快速且能够自主学习的学生，教师可以设计更具挑战性的项目，如深入研究生物进化的案例研究。对于需要额外支持的学生，则可以提供更多的基础知识复习和个别辅导。

评估结果可能显示某些核心概念或技能需要额外关注。教师可以根据这些信息，重点强化这些领域的教学。例如，如果学生在理解细胞生物学的某个关键概念上普遍存在困难，教师可以通过增加这一概念的教学时间、使用多种教学方法或提供额外的学习材料来帮助学生加深理解。为了确保评估结果能够有效地用于改进学生的学习，教师需要提供个性化和具体的反馈。这种反馈应明确指出学生的优势和需要改进的领域，并提供具体的改进建议。例如，在生物学实验报告的评估中，教师可以具体指出学生在实验设计、数据分析和结论撰写方面的优势和不足。

利用评估结果改进教学策略还包括培养学生的元认知能力，即关于自己学习过程的认知。教师可以教授学生如何评估自己的学习方法和策略，鼓励他们反思自己的学习过程，并根据评估结果进行调整。例如，教师可以引导学生思考哪些学习活动帮助他们更好地理解生物学的复杂概念，并鼓励他们在未来的学习中应用这些策略。在评估结果指导下的教学改进是一个持续的循环过程。教师应不断地评估学生的表现，反思教学策略的有效性，并在必要时进行调整。这个过程不仅涉及教学内容和方法的调整，还包括教师自身教学理念的持续发展。例如，教师可以定期审视自己的教学实践，识别可以提高学生参与度和学习效果的新方法。

五、融入学生反馈进行教学调整

学生的反馈是评估结果中一个重要的组成部分，它能为教学提供直接的指导。教师应鼓励学生就他们的学习体验和理解程度提供反馈，并据此调整教学方法。例如，在学习关于生态平衡的单元后，教师可以询问学生哪些教学活动最有助于他们理解这一复杂概念，并在未来的教学中增加这类活动。

在利用评估结果改进教学时，强调评价的过程性比单纯关注结果更为重要。教师应让学生明白，评估不仅是衡量学习成果的工具，更是一个促进学习和自我提升的过程。例如，在评估生物学项目时，除考察最终的成果，教师还应重视学生在项目过程中的探究、批判思维和解决问题的能力。除关注个体学生的学习成果，教师还应利用评估结果进行整体班级或年级的分析。这可以帮助教师识别普遍存在的学习挑战和趋势，进而在课程设计和教学方法上进行相应调整。例如，如果整个年级的学生在理解遗传编码的概念上遇到困难，教师可以在整个年级范围内实施特定的教学干预措施。

有效地利用评估结果还包括增强家长和社区的参与。家长和社区成员可以提供额外的资源和支持，帮助学生在学校之外继续学习和发展。例如，教师可以组织家长工作坊，讨论如何在家中支持孩子的生物学学习，或者与当地科学博物馆合作，提供实地学习的机会。评估结果在教学的持续改进中起着核心作用。它不仅指导教师调整教学策略，也为学校的课程发展提供了重要的信息。例如，教师和学校管理团队可以根据长期的评估数据，确定哪些教学方法最有效，哪些领域需要更多的资源和注意，从而持续提升教学质量。

利用评估结果改进基于中学生物学核心素养的大概念教学策略，是一个多方位、动态的过程。这需要教师不断地探索和创新，同时保持开放和适应性，以确保教学活动能够满足学生不断变化的学习需求。通过这些策略的实施，可以有效提升学生对生物学核心素养和大概念的理解和应用，为他们的未来学习和生活奠定坚实的基础。

六、构建反思性学习社区

为了最大化评估结果在教学改进中的作用，建立一个反思性学习社区是非常有价值的。这样的社区鼓励学生、教师甚至家长共同参与到学习过程的反思中。例如，教师可以定期组织课后讨论会，让学生分享他们对生物学概念的理解和学习经验，同时教师也可以分享教学策略和改进的想法。

在基于评估结果的教学策略改进中，同行评价是一个重要工具。教师可以通过观摩同事的课堂教学或共同设计教学活动，从同行中学习和获得灵感。这种方式不仅有助于提高个人的教学技巧，也能促进整个教师团队的教学质量提升。有效地利用评估结果还需要教师灵活运用各种评估工具和策略。除了传统的试卷和测验，教师可以采用项目作业、口头报告、同学互评等多样化的评估方式。这些多元化的评估方法能更全面地反映学生的学习情况，为教学改进提供更丰富的信息。

在改进教学策略时，教师还应考虑学生的情感和动机因素。评估不仅是衡量学术成绩的工具，也是激发学生兴趣和参与度的机会。例如，教师可以设计一些与学生日常生活相关的生物学项目，让学习变得更有意义和吸引人，从而提高学生的学习动力和参与度。利用评估结果改进教学是一个多维度、动态的过程，涉及教师、学生以及学校管理层。这不仅需要教师在教学方法上不断创新，还需要他们在心理层面支持学生，激发学生的学习兴趣和动机。最终目标是建立一个互动、反思和持续进步的教学环境，通过不断的评估和调整，提升学生在中学生物学核心素养和大概念掌握上的效果。这种以评估为导向的教学改进不仅提高了学生的学习成效，也促进了教师的专业成长和教育实践的优化。

第八章 基于中学生物学核心素养的大概念教学案例研究

第一节 对国内外大概念教学成功案例分析

在探索初中生物学的情境教学方法时，以"耳和听觉"为主题的课程是一个绝佳的例子。这个主题不仅涉及生物学的核心知识，而且与学生的日常生活紧密相关，提供了一个理想的平台，用以培养学生的核心素养。

一、教材分析与教学目标

以教授"耳和听觉"为案例研究。从教材内容分析来看，"耳和听觉"是生物学(七年级下册)中的一个重要章节，主要介绍耳朵的结构和听觉的形成过程。根据最新的《义务教育生物学课程标准》的要求，这一章节旨在帮助学生理解人体感觉器官的作用，特别是如何科学地保护我们的眼睛和耳朵。

在设计教学思路时，重点是如何将这些理论知识与学生的实际生活结合起来。课程的设计需要围绕外耳、中耳、内耳的结构[①]及其功能，辅以生动形象的图表和实例，以帮助学生更深入地理解听觉的机制。同时，通过提出日常生活中的问题和情境，让学生在实际操作中学习如何保护耳朵，预防耳疾。具体实施时，可以采用小组合作学习的方式，让学生通过观看相关视频、分析图片、操作模型和参与实际的场景测试等活动，深入探讨听觉的原理。这种方法不仅有助于加深学生对耳朵和听觉的理解，还可以促进学生的科学思维能力，提高他们解决实际问题的能力，同时培养他们的社会责任感。

"耳和听觉"这一课题的教学不仅是传授生物学知识的过程，更是一次培

---

① 张撰一，了解耳朵 善待耳朵 [J].医药与保健，2008（2）：37.

养学生综合素养的机会，通过将理论知识与实践操作相结合，让学生在探索中学习，在实践中成长。

教学目标分为三个：第一是通过自主学习与小组讨论，描述耳的结构与功能；第二是通过分析生活中的案例，阐明听觉的形成过程；第三是认同耳和听觉的重要性，学会科学用耳，保护耳的健康。

二、创设情境与构建概念

在进行初中生物学的教学时，以"耳和听觉"为主题的一节课可以通过精心设计的活动来吸引学生的兴趣和参与。以下是这节课的教学设计：

为了引起学生的兴趣和好奇心，老师播放一段无声的相声视频。在观众笑声不断的背景下，学生会感到困惑，因为他们听不到声音而无法理解笑点。然后，播放同一视频的有声版本，学生随之明白了笑声的来源。通过这个活动，教师会引导学生意识到听觉在日常生活中的重要性，以及它是如何帮助我们获取信息和与外界交流的。

紧接着教师通过展示耳朵结构的图示，让学生了解到我们看到的耳朵只是整个听觉系统的一部分。这时教师会提出问题，促使学生探究外耳、中耳和内耳的具体结构和功能。学生将阅读课本相关内容，观察耳朵结构的图示，并在小组内协作拆分和重新组装一个耳朵模型。在这个过程中，学生需要填写思维导图，记录下各部分的功能，思维导图如图 8-1 所示。

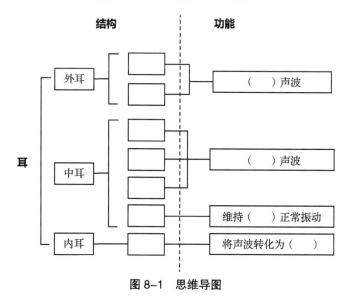

图 8-1　思维导图

这种教学方式旨在通过任务驱动和自主探究的方法，让学生深入了解耳朵的结构和听觉的形成过程。通过小组合作，学生不仅能够加强对耳朵功能的理解，还能够培养他们的合作、归纳和整理能力。最终，学生能够构建起关于耳朵结构与功能的整体概念，同时加深对生物结构和功能相一致性的理解。

三、知识关联生活

在教授初中生物课程中的"耳和听觉"单元时，教师会采用一系列互动和实践活动来提高学生的参与度和理解深度。对应教学设计如下：

先播放一个介绍声音和声音传播的简短科普视频，以此为学生提供声音的基本概念和传播机制的初步理解。然后，让学生想象一种情景：当远处有人与他们交谈时，听不清楚的情况下他们会怎么做。一些学生可能会提出把手指并拢放在耳后，或者用卷成筒状的纸放在耳边以增强声音。这种互动不仅吸引学生的注意，还能让他们理解外耳的功能。

接下来，继续向学生展示耳的结构图，重点介绍外耳、中耳和内耳的组成部分和各自的功能。为了加深学生对中耳结构的理解，可以设计两个互动实验。

实验一：展示鼓膜的图片，让学生观察并描述其位置和特点。然后，通过展示鼓膜、鼓室和乐器鼓的图片，提出问题："鼓面和鼓身在耳部结构中分别对应哪些部分？"学生将通过对比来探索答案。让一名学生的手轻放在鼓面上，当老师敲击鼓面时，让学生描述他们的感受，以此推导鼓膜和鼓室的功能。

实验二：出示咽鼓管的图片，并让学生探讨其位置。可指导学生进行一个简单的实验：捏住鼻子轻轻吞咽，然后分享他们的感受。这个实验旨在帮助学生理解咽鼓管的功能，特别是在保持鼓膜内外气压平衡方面的作用。

在学习了外耳和中耳之后，继续引导学生探究内耳的结构，尤其是耳蜗。通过展示耳蜗的图片，帮助学生理解其与听小骨和听觉神经的联系，为他们理解听觉形成过程打下基础。该教学的设计意图是通过这些实践活动，让学生从书本知识转向实际体验，更好地理解耳的结构和听觉形成的科学原理。通过这种方式，希望学生能够将理论知识与实际应用相结合，从而深化他们对生物学的理解。

四、学以致用

在教授中学生关于"耳和听觉"的生物课程时，教师可以采用一系列富有创意的教学策略，以加深学生对听觉形成过程的理解并提升他们的实际应用能力。例如，先通过播放一个介绍声音传播和听觉形成的视频，为学生提供关于听觉的基础知识。然后，设定一个任务，要求学生在观看视频的同时记录下与听觉形成有关的结构名称，以加强他们对耳部结构的理解。在学生汇报后，教师利用耳部结构的示意图进行详细的讲解和总结，听觉形成如图 8-2 所示。

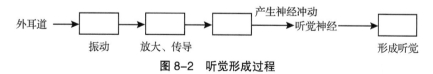

图 8-2　听觉形成过程

为了使学习过程更加生动和实际，教师还可以设计一系列基于门诊故事的实践活动，让学生扮演医生的角色，分析具有听觉问题的虚构病例。例如，通过分析两位听觉受损患者的案例，学生需要判断他们的听力问题是由于传导性耳聋还是神经性耳聋。此外，还可以引入一个关于中耳炎的案例，让学生了解到细菌是如何通过咽鼓管进入中耳并引发炎症的。这些活动旨在帮助学生将抽象的听觉知识转化为具体、直观的理解，同时培养他们的分析、推理和解决问题的能力。这些活动也使学生有机会将他们所学的生物学知识应用到实际情境中，进一步加深了他们对生物学核心素养的理解和应用。

五、总结

在教学"耳和听觉"这一生物学单元时，教师采取了多种策略以增强学生对耳部结构、听觉功能及其保护方法的理解。授课时教师先向学生提出了一个实际问题："我们日常生活中应该如何保护我们的耳朵和听力？"这激发了学生们的讨论热情，他们开始从多个方面探讨可能的保护措施。

为加深学生的理解，教师还播放了一段展示学生进行听力测试的视频，并分享了测试结果和建议。还介绍了全球听力损失的数据，并强调了 2022 年 3 月 3 日作为全国爱耳日和世界听力日的重要性。通过这些活动，学生们了解到爱耳日的宣传活动如何帮助人们更好地了解和保护他们的听力。为了让学生更深入地了解听力损失的原因和预防措施，还可以布置一项课外作业，让学生对家庭成员进行听力测试并提出改善建议。这不仅加强了学生的健康意识，还让他们在家庭和社会中承担起责任。耳朵的常见问题与处理措施如图 8-3 所示。

从教学角度看，教师首先通过引人入胜的听相声视频激发了学生的学习兴趣，然后通过自主学习、小组讨论和实践活动帮助学生掌握耳的结构和功能。通过将所学知识与生活实际相结合，使学生能够更好地理解和应用这些知识，同时培养了他们的科学思维和社会责任感。通过这种方式，可以确保学生不仅学习了生物学知识，而且增强了他们的健康意识和社会责任感。

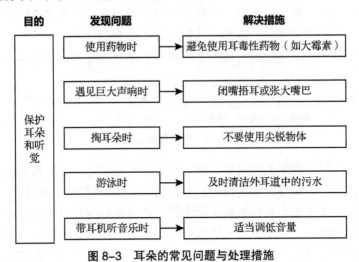

图 8-3　耳朵的常见问题与处理措施

第二节　从案例中提炼大概念教学策略

一、从案例中学会教学策略创新

从教学案例中提炼大概念教学策略是一个深入探索和理解教育实践的过程，其中涉及将理论与实践相结合，从而在实际教学中有效地应用大概念。在这一过程中，教师可以通过分析和反思成功及失败的教学案例，从而发现哪些策略在促进学生理解和应用生物学核心概念方面最为有效。

案例分析强调了概念之间联系的重要性。在生物学教学中，不同的概念往往相互关联，构成了一个复杂的知识网络。通过分析具体的教学案例，教师可以发现，成功的大概念教学往往能够让学生理解不同概念之间的联系，从而更深入地理解每个单独概念。例如，在探讨遗传的大概念时，通过将 DNA 复制、蛋白质合成与遗传变异联系起来，学生能够更全面地理解遗传信息的传递过程及其对生物多样性的影响。案例分析还揭示了情境化学习的重要性。在大概念教学中，将抽象的概念置于具体的情境中，能够帮助学生更好地理解和记忆这些概念。例如，在学习生态系统的大概念时，通过研究具体的生态系统案例，如热带雨林或珊瑚礁，学生能够更直观地理解生态系统的组成和运作原理。

案例分析也强调了学生主动探究的重要性。在大概念教学中，鼓励学生主动提出问题、进行探索和实验，是帮助他们深入理解生物学概念的有效方式。通过分析教学案例，教师可以发现，那些能够激发学生好奇心、鼓励他们进行实验和研究的教学策略，往往能够更有效地促进学生的理解和参与。案例分析还突出了教师作为引导者的重要作用。在大概念教学中，教师不仅是知识的传递者，更是学生学习的引导者和促进者。通过引导学生进行批判性思考、提供适时的反馈和支持，教师能够帮助学生更深入地理解和应用生物学的核心概念。

从教学案例中提炼出的大概念教学策略强调了概念之间联系的理解、情境化学习的应用、学生主动探究的重要性以及教师作为引导者的角色。这些策略不仅有助于提高学生的学习效果，也为教师在实施大概念教学时提供了宝贵的指导。

二、情景模拟与实践应用

继续深入探讨案例分析在提炼大概念教学策略中的作用，我们可以看到更多细节和实用的方法。一个关键的领域是利用多设置情境的教学方法促进学生对大概念的理解和掌握。

例如，在苏科版《生物》（七年级）的第三单元"生物从环境中获取的物质和能量"中，教师被要求对课程内容进行深入的规划，设计与学生日常生活紧密相关的教学活动，激发学生的思考。在课程开始时，教师通过提出问题的方式设置情境，引导学生思考每人每天需要多少能量，以及成人与青少年的能量需求是否存在差异。接下来，指导学生计算自己日常的能量需求。通过这一过程，学生开始意识到自身对能量的需求，并进一步分析这些需求，甚至设计出一份适合自己的食物摄入计划。这不仅让学生在实际生活中感受到体温和能量供给的重要性，还深化了他们对这些概念的理解。为了进一步探索能量的释放机制，教师可以组织学生进行小组活动，研究体温的调节。例如，通过测量腋下体温，学生可以讨论何种体温算是发烧，并比较个人体温与正常值之间的差异。利用多媒体展示不同体温下的人体状况，帮助学生理解体温变化对人的影响。

此外，通过设置跑步或体操等体育活动，让学生体验剧烈运动后的感受，从而引出对能量转化和产生的讨论。学生可以通过亲身体验或者联系实际生活来回答这些问题，从而引入食物能量来源等相关概念的讨论。通过小组合作，学生还将探讨如何通过饮食和生活习惯保持能量供需平衡，确保身体健康。这样一系列富有创意的教学活动不仅加深了学生对于能量供给平衡概念的理解，而且融入了物质与能量的基本观点，帮助学生建立了健康的生活观念。

三、利用项目导向学习激发深度理解

从教学案例中提炼出的一个重要策略是项目导向学习（Project-Based Learning，PBL）。这种方法强调通过参与实际项目来学习和应用生物学的大概念，从而促进学生深度理解和批判性思维的发展。在项目导向学习的环境中，学生不仅学习理论知识，还需要将这些知识应用到解决实际问题中。例如，在学习人教版《生物》(八年级下册)"传染病和免疫"这一章节时，学生可以参与宣传各类常见传染病的预防方式。这类项目不仅让学生了解了常见传染病有哪些，还可以让他们养成保持卫生的好习惯。

一个例子是环境科学的学习。学生可以参与关于生物多样性保护的项目，如实地调查本地生态系统的物种多样性，分析人类活动对生态系统的影响，并提出保护策略。这样的项目可以使学生更好地理解生物多样性的重要性，以及人类行为对自然环境的影响。项目导向学习的关键在于提供真实、具有挑战性的问题，使学生能够主动探索和应用生物学的大概念。通过这种方法，学生不仅可以提高自己的科学知识和技能，还可以发展问题解决、团队合作和批判性思维能力。

通过分析各种大概念教学案例可以得知项目导向学习是一种有效的大概念教学策略，它通过将学习置于真实世界的情境中，鼓励学生深入探究并主动应用生物学的核心概念。这种方法不仅有助于学生建立更深刻的理解，还能够促进他们综合能力的全面发展。

四、实施形式性评估以促进持续学习

形式性评估是大概念教学策略中不可或缺的一部分，它在中学生物学核心素养的培养中扮演着关键角色[1]。形式性评估不仅是测量学生的学习成果，更重要的是，它可以作为一个反馈工具，帮助学生和教师理解学习过程中的强项和弱项，并据此作出相应的调整和优化。

在实施形式性评估时，可以采用多样化的评估工具和方法。例如，可以通过设计基于项目的评估，让学生展示他们如何将生物学的大概念应用于实际问题的解决。这种评估方式强调学生的应用能力和创新思维，而不仅仅是对知识的记忆和重复。一种有效的评估方法是自我评估和同伴评估。这些评估形式鼓励学生反思自己的学习过程，理解自己的学习风格和偏好，并学会批判性地评

---

① 孙璐 . 浅析持续性评估和限时笔试两种考试形式 [J] . 考试周刊，2008（32）：2.

价自己和他人的工作。通过这种互动性强的评估方式，学生可以更好地理解大概念，并学会从多个角度思考问题。教师也可以利用口头报告或演示的方式，让学生解释和阐述他们对生物学大概念的理解。这种评估方式不仅考验学生的理解能力，还锻炼了他们的表达和沟通技能。形式性评估在大概念教学策略中起到了桥梁的作用，它不仅帮助学生巩固和深化对生物学大概念的理解，还促进了学生批判性思维和创新能力的发展。通过持续的反馈和调整，学生可以在学习过程中实现自我提升，从而更好地掌握中学生物学的核心素养。

第三节　反思失败案例中的中学生物学核心素养教学问题

一、教学方法的局限性

在中学生物学教学中，我们面临着几个关键性的挑战和局限，这些因素通常导致教学效果不尽如人意。首要问题是传统的讲授式教学方法的应用。这种方法以教师为中心，倾向于单向信息的传递，往往缺乏激发学生积极参与兴趣的有效手段，特别是在处理复杂的生物学概念时。这样的教学方式往往导致学生处于被动接受知识的状态，缺乏必要的深入理解和批判性思考能力。在这种学习环境中，学生很难完全理解生物学的核心概念以及它们与现实世界的联系，从而影响了他们对生物学知识的整体把握和应用。

有效学习资源和工具的缺乏也是导致教学失败的一个重要原因。在缺少适当的教学辅助工具，如实验设备、互动软件或现代化教学材料的情况下，学生可能难以直观地理解生物学的复杂性。这种缺陷可能会降低学生的学习动机和兴趣，进而影响他们达到预期的学习成效。教师的专业发展不足也是影响生物学教学质量的一个关键因素。如果教师对生物学的最新进展和教学方法缺乏深入了解，他们可能无法有效地传授知识和激发学生的学习热情。教师需要定期参与专业培训和研讨会，以不断更新和提升他们的教学技巧和学科知识。

在一些生物学教学失败的案例中，教学中过分强调记忆而非理解也是导致教学失败的常见问题。这种方法可能导致学生能够复述知识点，但无法深刻理解其背后的原理和联系。例如，在进行人教版《生物》(七年级上册)的"绿色植物与生物圈中的碳—氧平衡"的复习课时，有题目中提到了该如何提高大棚作物的产量。笔者提出了几点：第一，通过在白天适度增加温度，而在夜间适度降低温度，增大日夜温差，有利于促进有机物的积累。第二，增加温室内的二氧化碳浓度，比如通过施用农家肥或使用二氧化碳发生器，以提升光合作用的效率。课堂上，当学生询问为何适当提高白天温度可以促进有机物积累，学生认为提高温度增加了光合作用和呼吸作用相关酶的活性，是否意味着对光合作用的促进作用大于对呼吸作用的呢？接着，学生又提出了一个假设：如果温度继续升高，光合作用和呼吸作用都将受到抑制，那么哪个过程的抑制程度更大呢？

对于学生的问题，起初笔者直接告诉了结果并要求学生务必记住。但在第二天对学生进行提问时，笔者发现有不少学生已经记不得当时笔者说的答案。因此，笔者展示了预先准备好的图表，让学生们自行分析讨论，如图 8-4 所示。通过分析，学生们得出结论，光合作用相关酶的最适温度实际上是低于呼吸作用的，这意味着在达到光合作用酶的最适温度之前，温度的提高对光合作用的促进要大于对呼吸作用的促进，进而增加了有机物的净积累；而在光合作用和呼吸作用酶的最适温度区间内，提高温度会导致光合速率下降，呼吸速率上升，反而不利于有机物的积累。当温度超过呼吸作用酶的最适温度，光合作用和呼吸作用都会受到抑制。

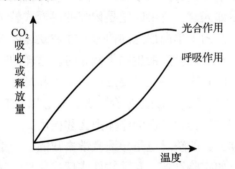

图 8-4　光合作用与呼吸作用的 CO_2 随温度变化

这个案例告诉我们，面对教材之外的知识点，教师不应仅凭权威强迫学生接受。教师应充分准备，从学生的角度出发，预测他们可能的反应和问题，设计情境让学生自我探索和解决问题，这是一种极佳的教学策略。如果教师准备不足，可能难以对学生的问题给出满意答案，这也凸显了认真备课和分析学生情况的重要性。我们不能将学生视为被动接受知识的容器，他们是具有高度自主性和创造力的个体。而学生的反馈表明他们对这个问题的探究是相当深入的，并充分理解了适当提高白天温度的重要性。同时，他们也深刻地理解了温度如何在本质上影响光合作用和呼吸作用。在今后的复习中，当遇到相关题目时，学生能够迅速联想到这个知识点。

二、教学评估方法的不合理性

在对中学生物学教学实践中出现的失败案例进行分析时，教学评估方法的不合理性占据显著地位。传统的评估机制过度倚重以书面笔试为主的考核方式，这种做法在一定程度上未能充分考量和衡量学生对生物学知识的实际掌握与运用能力，往往刺激了学生对信息的机械记忆与复述，而非深度理解与探究核心生物概念，从而削弱了他们的学习积极性。例如，至今还有非常多的家长主张"分数为王"，甚至一些教育工作者也持有相似的想法。这导致学生承担着极大的压力，以至于学生们选择自暴自弃或者选择钻研考试得分技巧，而不是将时间和精力用在学习相应的学科思维上，这在一定程度上固化了学生的思维方式，遏制了学生创造力的发展。

评估标准的单一片面性亦是问题的核心之一。许多课程仅依赖标准化测试或闭卷考试等单一形式衡量学生的学业成就，这无疑忽视了评价体系中对于批判性思维、独立解决问题技巧以及创新思考等多元智能维度的重要性。此类评估手段无法立体呈现学生的学习进展与真实学术水平。形成性评估的缺失同样构成了一项重大短板。这一关键的教学环节本应协助教师实时调整教学策略以满足个体学生的独特需求，但在某些失败案例中，由于缺乏有效的形成性评估，教师无法准确追踪学生的学习轨迹并适时提供有针对性的支持与指导。

评估内容与实际教学内容不匹配的现象也十分突出。部分案例显示，评估题目过分强调对孤立事实的记忆，而对学生对生物学核心概念间联系的理解及实际应用能力的考察不足。因此，即便学生在笔试中取得高分，他们在现实情境下运用所学知识的能力可能仍然堪忧。评估过程中对学生反馈的忽略以及限制其参与度的问题不容小觑。在一些失败的教学实例中，学生鲜有机会参与到自我评估的进程中，无法清晰识别自身的优势与待改进之处。同时，缺乏及时有效的反馈机制意味着学生不能从错误中汲取教训、实现持续进步。僵化的评估方式也是制约学生全面展示自身能力的一个瓶颈。例如，标准化测试在很大程度上无法完全检验学生的实验操作技能、数据解析能力和科学探索精神，这种评估形态可能导致学生在备考阶段疏于这些关键技能的培养。

教学评估未能充分考虑学生的个性化需求同样是导致生物学教学效果不佳的一个重要因素。面对具有不同学习习惯和能力差异的学生群体，过于统一的评估标准可能无法公正地评估每位学生的真正学习成效，进而挫伤部分学生的自信心和学习热情，影响他们对生物学持久的兴趣和内在动力。

三、教学方法缺乏创新

在对中学生物学教学实践中的失败案例进行深入剖析时，教学方法的局限性与创新不足成为显著的问题所在。这些问题主要表现在教学内容陈旧僵化、教学手法单一保守以及缺乏具有前瞻性和活力的教学策略等。

在不少失败的教学实践中，教师往往过度依赖传统的教学模式，如单向讲授和以记忆为中心的学习方式。这种方式可能导致学生无法对生物学的核心概念形成深度认知和理解，仅仅通过被动接受知识和机械记忆，学生难以把握生物学内部复杂的逻辑关系和过程机制。创新型教学手段的应用缺失是导致教学效果下滑的重要因素。诸如项目式学习、探究式学习及合作学习等现代教学方法能够有效激发学生内在的学习热情和参与度，但在一些不成功的案例中，由于未能充分运用这些富有启发性的教学工具，课堂氛围趋于沉闷，学生的生物学学习兴趣和动力随之减弱。

面对教育技术日新月异的发展，数字化工具和在线教育资源为提升生物学教学质量提供了广阔的平台。在某些失败案例中，教师并未能充分利用这些资源，错失了优化教学效能、增强学生互动参与的契机。生物学作为一门与现实生活紧密相连的学科，在部分失败的教学实践中，其课程内容与学生的日常生活经验及兴趣领域存在较大脱节，使得学生难以将所学知识与现实世界情境相结合，从而降低了知识的实用价值和吸引力。

跨学科教学的缺位亦是问题之一。生物学与化学、物理、数学等诸多学科间存在着千丝万缕的联系，而在某些案例中，未采用跨学科的教学方法来展示生物学概念在不同学科间的交叉应用及其深层意义，这无疑限制了学生对生物学整体框架的全面理解和综合应用能力。总结而言，在这些不尽如人意的生物学教学实例中，教学方法的固化和创新匮乏直接影响到学生的学习体验和成效。为了提升生物学教学的有效性和吸引力，教师亟须更新教育理念，积极采纳并实施更多元、更富创新性的教学策略，以切实激活学生的学习潜能和主动探索精神。

四、教学内容和方法的局限性

在对中学生物学教学实践中出现的某些失败案例进行深入剖析时，可以揭示出其中教学内容和方法所存在的局限性问题。这些局限不仅体现在课程内容设计的取舍上，还表现在具体教学策略的应用层面。具体来说，主要表现为教学内容过于局限、实践性教学手段的缺失以及对学生个性化需求的忽视等方面。

例如，在讲解下面这道有关"有丝分裂"的习题：

用秋水仙素诱导产生多倍体，起作用的时期、细胞停留的时期分别是（ ）

A. 有丝分裂的前期和中期

B. 有丝分裂的前期和后期

C. 有丝分裂的前期和间期

D. 有丝分裂的间期和中期

很多学生选择了 A、B、C，笔者要求解释他们的选择。选择这些选项的学生普遍认为，由于秋水仙素影响纺锤体的形成，而纺锤体是在有丝分裂早期形成的，因此秋水仙素作用于早期。但关于秋水仙素具体让细胞停留在哪个阶段，学生们的回答就显得不那么自信了，这实际上是一个相当模糊且难以明确的概念。

为了帮助学生理解，笔者提出了几个问题供他们思考。问题1：如何界定有丝分裂的早中晚期？问题2：缺少纺锤体时，染色体能否在赤道板上排列？问题3：分离着丝点是否需要纺锤体的拉力？问题4：着丝点的分离是否意味着染色体的分开？

通过对这些问题进行思考和讨论，学生们的思维变得更加活跃，之后笔者阐述了自己的见解：在早期缺乏纺锤体时，染色体不能整齐排列在赤道板上，因此不能形成中期的特征，应该是停留在早期；即使没有纺锤体，染色体仍可继续螺旋化变粗，形成中期最明显、最清晰的形态；然而，由于着丝点的自动分离并未导致染色体分开，缺乏纺锤体的牵引使其不能移向细胞两极，这不符合晚期的特征，故细胞停留在中期。

虽然学生们理解了笔者所讲的内容，但他们仍渴望一个确切的答案。笔者起初处理这个问题的方式是详细解释其中涉及的知识，但发现中学生物学知识不能很好地解释这个问题，最后学生越听越迷糊，疑惑变得比之前更多。

这个案例表明，在中学生物学教学中，很多概念和内容即便对教师来说也是难以彻底讲清楚的，这些模糊的内容在参考书乃至大学教材中都缺乏明确说明，如何处理这些内容是教学中的一个挑战。笔者的观点是，能够清楚解释的内容一定要尽可能讲透，对于难以彻底解释的部分，应该让其保持一定的模糊性，但必须向学生明确这个知识点在中学阶段的处理方式，以防学生误解，以为他们在某些知识点上存在漏洞，进而产生不必要的恐慌。

在后面的课程中，笔者向学生说明了这个问题的复杂性，并告诉学生在中学阶段不要纠结于这个问题在后续的教学过程中，学生们没有再对这个问题进行争论。当再次遇到处理与秋水仙素相关的知识点时，他们能够妥善处理这一问题。学生们认为，关键在于理解这个知识点的本质，而不是纠结于细胞具体停留在有丝分裂的哪个阶段。

五、反思教学中的缺陷

在对中学生物学教学实践的深度剖析中，我们发现教学策略中存在的缺陷是导致某些教学失败案例的关键因素。这些策略上的不足主要体现在教学目标设定的局限性、学生参与度的缺失以及教学评价方式的一元化等核心层面。

在一些不尽如人意的教学实践中，教师在设定教学目标时，过于侧重于知识传授的直接性和全面性，却在一定程度上忽略了对学生批判性思维和创造性能力的培育。此类教学目标往往局限于让学生掌握和理解生物学的基础知识点，而没有充分延伸至知识的实际应用、分析、综合及评估等更高级别的认知发展目标。这种狭窄的目标框架无形中束缚了学生全面发展认知能力的可能性。部分失败的教学案例显示，学生的主体地位和积极参与程度明显不足。在这样的教学环境中，教师往往是课堂活动的主导者，而学生处于被动接受知识的地位，缺乏足够的主动探索和互动参与机会。这种单向输出型的教学模式使得学生在学习过程中难以产生深刻的内在驱动和求知兴趣，进而影响他们对生物学的深层次理解和长期热情。

教学评价体系的单一化问题也是制约教学成效的重要原因。在不少实例中，教学评价过分依赖传统的笔试和闭卷考试形式，这些方法更多地聚焦于学生对知识的记忆与复述能力，而在衡量其对知识的理解、运用、分析和创新性思考等方面的能力时存在明显短板。由此形成的单一评价体系不仅无法全面、公正地反映学生的真实学习水平和多元智能，也无法有效激发学生进行深度学习和探究的热情。

上述教学策略中的种种缺陷揭示出当前中学生物学教学亟待改进的方向。为了促进学生的全面发展和深化学习效果，教师必须重新审视并科学设计教学目标，着力提升学生的课堂参与度，并积极采用多元化的教学评价方式，以期全面、准确地评估和激励学生的学习成就与能力提升。

六、优化教学方法以提升教学效果

在深入探讨中学生物学教学实践中的不足与改进策略时，我们发现对现有教学方法进行深度反思和创新优化至关重要。这种优化旨在显著增强教学效果，并积极促进学生的全面素养提升。首要任务是转变传统的教师中心教学模式，转而推崇以学生为中心的教学理念。在这样的教育环境中，教师的角色不再仅是知识的单向传递者，而转变为引导者和辅助者，以鼓励学生主动参与、积极探索和自我发现的过程。为了实现这一目标，教师可以设计并实施一系列互动性和参与性较强的教学活动，如小组讨论会、项目制学习课程以及实验室实践活动等，从而有效提高学生的学习投入度和兴趣。

应当革新传统的教学评估体系，避免过度依赖于书面考试和闭卷测试。为了更立体、准确地评价学生的学习成果，教师应广泛采用多元化的评估手段，如课堂表现观察、项目作业完成情况、实验报告分析以及口头表达能力考核等。这些多维度的评估方法有助于全面展示学生在理解、应用、分析乃至创造生物学知识方面的能力，同时能够有效激发学生的学习热情和自主性。生物学教学的核心价值在于培养学生的批判性和创造性思维能力，而不止步于知识传授本身。教师应在教学过程中巧妙融入问题导向的学习任务，激励学生提出问题、解决问题，引领他们开展科学探究活动。

通过这种方式，学生不仅能够深入理解和掌握生物学知识，还能在此过程中逐步磨砺自身的批判性思考能力和创新意识。提升中学生物学教学效果的关键在于持续优化教学方法，具体措施包括践行以学生为主体的教学方式、采用多样化的教学评估策略以及注重培养学生的批判性和创造性思维能力。通过上述途径的综合运用，我们能有效地激发学生的学习积极性、增强其参与感，并全面提升他们的学业成就和核心素养发展水平。

七、整合课程内容与方法

在面对中学生物学教学中的不足与挑战时，改进和优化教学方法至关重要，而更为关键的是实现课程内容与教学方法的深度整合。这种综合性的教学策略有助于显著提高教学质量，确保学生能够在学习过程中全面、深刻地理解和掌握生物学知识。

在构建课程内容的过程中，应强调系统性和连贯性原则。生物学作为一门内涵丰富且复杂的学科，其知识点横跨微观细胞结构直至宏观生态系统等多个维度。因此，教师在设计课程体系时，必须充分关注各个知识点之间的内在逻辑联系，以保证课程内容的编排顺序和整体架构有利于引导学生建立起严谨的知识网络。例如，可先从基础的细胞理论入手，逐步引领学生探究更高层级的生物过程和生态原理。为了配合课程内容的系统性特征，教学方法也需体现出多样性和创新性。传统的讲授模式虽有其价值，但应当结合互动式和探究式的教学手段，如实验操作、案例分析、项目研究等，使学生能够从实践中感知、体验并主动探索生物学知识。这些教学方式不仅能够激发学生的学习热情，还能帮助他们更好地将所学知识内化于心，并能灵活运用到不同情境之中。理论教育与实践训练的有效融合是生物学教育不可或缺的一环。理论知识的教学应当与实验操作、实地考察等活动紧密结合，让学生有机会将抽象的理论知识应用到具体实践中。比如，在教授遗传学理论时，可以安排学生亲手进行基因突变实验；而在探讨生态系统时，可组织学生参与野外生态调查活动，以此加深对理论知识的理解和领悟。

通过科学合理地整合课程内容与教学方法，对于提升中学生物学教学质量及效果具有决定性意义。坚持课程内容的系统性与连贯性设计，采用多样化与创新的教学策略，以及注重理论与实践相结合的教学实践，都是推动中学生物学教学取得良好成效的核心要素。借助这样的整合教学方式，学生们不仅能获得深层次的理论认知，更能锻炼实践技能，培养创新能力，从而全面提升生物学素养。

第四节　不同案例对未来教学与
中学生物学核心素养发展的启示

一、案例分析与未来教学发展

在中学生物学教学实践的探索与改进过程中，通过对失败案例的深入剖析，我们可以汲取宝贵的经验教训。这些案例揭示了课堂教学中的常见弊病，如对学生主体性的忽视、课程内容与学生实际需求间的断裂以及对传统教学模式的过度依赖等。教师需从失败中学习，调整教学策略，转而采用更富参与性和互动性的学生中心教学法，确保教学内容紧密联系学生的日常生活经验和兴趣点。

为了促进学生全面且深入地理解生物学知识，教育者应积极融合多种教学方法，包括探究式学习[1]、项目式学习[2]和小组合作学习等多元化的教学手段。例如，在小组合作环境中，学生们可以通过共享观点、交流思想来共同探讨生物学概念，从而增强理解和拓宽视野。生物学作为一门实践性科学，其教学应当重视理论与实践相结合。通过组织实验室操作、野外实习等活动，使学生能够在真实情境中直观体验和应用抽象的生物学原理。比如，让学生亲手操作显微镜观察细胞分裂过程，以此生动形象地掌握遗传学的基本原理。现代教育技

---

① 朱春.探究式学习在教学中的实践［J］.小学科学，2022（21）：124-126.
② 赵艺璇.项目式学习法的实践与思考［J］.留学，2023（23）：50.

术的运用是提升生物教学质量的重要途径之一。互联网资源、虚拟实验室及互动软件等工具能够丰富教学手段，提高教学趣味性，并为学生提供广阔的学习空间和多样化的学习资源。教师可以借此构建更加立体化和动态化的教学环境，激发学生自主探索和学习生物学的热情。

举例来说，在苏科版《生物》（七年级）书中，第三单元的第七章节专注于"能量的释放与利用"。教师在这一节课的设计上需精心策划，确保教学内容与学生的实际生活经验紧密结合，从而激发他们的思考。课堂引入阶段，教师提出与生活密切相关的问题，引导学生思考一个人每天需要多少能量，以及成人与少年的能量需求是否相同。接下来，学生将在教师的引导下计算自己的日常能量需求。

当学生开始对自身的能量需求有了初步的了解后，教师将引导他们更深入地分析这一需求，并基于此设计一份个性化的饮食计划。通过这一过程，学生能够更好地理解体温的来源及能量供应的基本概念。为了进一步加深学生对能量释放概念的理解，教师可以组织学生进行小组实践活动，如测量体温并分析何时体温的升高可被视为发烧，以此深化学生对个人体温与正常体温差异的认识。

利用多媒体展示不同体温下个体的精神状态，帮助学生了解体温变化对身体的影响。通过设置如跑步或做体操等体育活动，让学生亲身体验剧烈运动后的感受，并基于这些体验探讨能量是如何产生和转化的，进而理解食物作为能量来源的原理。另外，通过小组讨论，学生将思考如何通过合理的饮食和生活习惯，达到能量的供需平衡，维持生命活动所需的能量范围。

这些深入的教学活动不仅使学生对能量平衡的概念有了深刻的理解，也在他们心中"种下"了物质与能量相互转换的科学观念，帮助他们构建起对生命的基本认识。

二、教学内容与学生实际需求的融合

在优化中学生物学教学效果并促进学生核心素养发展的过程中，关键在于将教学内容与学生的实际需求实现深度融合。为此，教育者需采取一系列策略。

构建贴近学生生活经验的教学内容是增强学生学习兴趣和参与度的有效手段。例如，在讲授人教版《生物》（七年级下册）的"生物体的基本结构"一章时，教师开篇通过展示不同细胞的显微镜图像，引导学生提问：这些图片展示了几种不同的细胞类型，你能识别出其中的哪些？这个讨论点不仅促使学生积极参与课堂活动，还激发了他们对学习的热情。通过这个问题，学生开始识别并总结细胞的共性和不同细胞间形态的多样性原因，这种方法有效激活了学生的主动学习态度。

进一步深入探究环节中，教师引导学生亲自动手，使用显微镜观察各类细胞的制片，挑战学生在观察中找寻并记录细胞结构的相似之处与差异。通过这个过程，学生不仅学会了用比较和归纳的科学方法来锻炼他们的科学思维能力，还学会了基于事实和证据得出科学结论，进一步内化了自然科学重视证据和实证的研究方法。

课堂实践中，教师可以鼓励学生分小组选择不同的生物细胞进行详细的研究和观察，如酵母菌、葫芦藓或人体表皮组织等，通过多样化的细胞类型探究，进一步训练学生的归纳和总结能力，让他们在海量的观察事实中抽象出通用规律，这也是培养生物学科思维的重要方面。

同时，教师还注重指导学生正确操作显微镜，以确保获取清晰的图像，这是培养学生探究能力的又一重要环节。对于那些观察结果与预期不符的情况，教师通过提问促使学生思考和分析错误的原因，并在课后进行复检或重复实验，旨在鼓励学生的自我反思和批判性思维。

通过这种以问题为引导的教学方法，教师可有效地引导学生扩展他们的生物学习思路，运用多种方法来解决实际问题，不仅有效地学习了生物知识，还初步培养了他们基于证据和逻辑的思维方式。

三、教师角色的重塑与提升

在中学生物学教学领域，教师角色的转变与提升显得尤为关键。教师应从纯粹的知识传授者升级为学生学习过程中的引导者和激励者。这意味着教师需通过启发式提问、深入讨论以及组织实践探究活动等方式，唤醒学生的求知欲望和探索精神，鼓励他们主动参与学习并进行深度思考。例如，在讲解生物学现象时，教师可以设计开放性问题，引领学生探讨其背后的科学原理。

作为整合教育资源的核心角色，教师需要具备高效收集、筛选及利用各类学习资源的能力。这涵盖了教科书知识体系、网络教育平台的丰富内容、实验设备和材料等多元化的教学工具。通过精心挑选和综合运用这些资源，教师能够构建起一个既有广度又有深度的教学环境，使学生能够多维度地理解和掌握生物学概念。教师还需扮演个性化学习过程促进者的角色，关注每一个学生的个体差异和学习需求，实施因材施教。对于具有较强自学能力的学生，教师应提供更高层次的学习资料和富有挑战性的任务，以激发他们的潜能；而对于面临困难的学生，则要给予更多的指导和支持，帮助他们克服难题，逐步提升学习成效。

　　教师还应作为学生学习过程的有效评估者，不仅要关注学生对生物学知识点的掌握程度，更要观察和评价他们在学习方法、思维方式和实践技能方面的表现。通过全面而精准的评估反馈，教师能够更准确地了解学生的学习状况，并据此提供针对性的教学策略和个别化辅导。为了适应不断发展的教学内容和教育理念，教师自身也需要保持持续学习的态度，成为终身学习的典范。教师应该积极参加专业培训课程、学术研讨会等活动，不断更新自身的教育教学观念和技能，以适应现代教育的需求和发展趋势。在中学生物学教学实践中，教师的角色转型与职能提升对于培养学生的核心素养至关重要。作为引导者、资源整合者、个性化学习的推动者、学习过程的洞察者以及自我成长的终身学习者，教师将在助力学生生物学领域学习与发展过程中发挥决定性作用。只有不断提升自己的专业素养和教学能力，教师才能更为有效地引领和支持学生的学业进步与全面发展。

四、学生自主学习的培养与发展

　　在中学生物学教学过程中，培养和发展学生的自主学习能力是核心目标之一。教师应通过精心设计实验项目、组织实地考察等活动，引发学生对生物学现象的好奇心和求知欲，鼓励他们主动发现问题、提出问题，并通过实践去寻找答案。这种方式不仅有助于加深学生对生物学基本原理的直观理解，更能锻炼他们的独立研究能力和创新思维。

　　在生物学学习过程中，培育学生的批判性思维能力极为重要。教师可借助案例研讨、课堂辩论等多元化的教学手段，引导学生分析和评估不同观点，形成自己独特的见解。这样的训练能够让学生学会多角度思考问题，逐渐发展出独立而理性的判断力。提升学生的实践能力是生物学教育不可或缺的一环。教师应提供丰富的实验平台和机会，让学生亲自动手操作，通过实践经验来巩固和深化理论知识的理解。这种动手实践的过程既能提高学生的生物实验技能，又能培养他们解决实际生物学问题的能力。同时，培养学生自我反思与自我评价的习惯对于促进自主学习具有重要作用。教师需指导学生定期回顾和总结自己的学习历程，识别自身的优势和不足，进而制定有效的改进策略。这将有助于学生自主调整学习方法和策略，从而提高学习效率和质量。

　　教师应积极探索生物学与其他学科（如化学、环境科学等）之间的联系，设计跨学科的教学活动，帮助学生建立更为广泛且深入的知识网络。这样既拓宽了学生的学术视野，又促进了他们在实际情境中综合运用所学知识的能力。中学生物学教学必须注重培养与发展学生的自主学习能力，包括但不限于探究精神、批判性思维、实践能力、自我反思与评价以及跨学科学习等方面。通过这些方式，学生不仅能深入掌握生物学知识，更能全面培养 21 世纪的关键技能，为未来的学习生涯和职业生涯打下坚实的基础。

五、学生团队协作与社交技能的发展

在中学生物学教育领域，培养学生的团队协作能力和社交技能是一项重要任务。在教学实践中，应积极营造并强化以团队协作为核心的学习环境，通过设计小组合作项目、组织团队实验等活动，让学生亲身体验有效的沟通方式、任务分配策略以及冲突解决方法。这种协作式学习不仅有助于提高学生完成生物学学习任务的效率，更对他们的社交技能和团队精神形成有力的锻炼与提升。

教师应当重视并着力培养学生的沟通交流能力，鼓励他们在团队活动中勇于表达个人观点，并学会倾听他人意见。通过团队讨论、报告展示等环节，能够有效锻炼学生的语言表达力、沟通理解力及信息共享能力，从而促进团队内部思想的碰撞与交融。通过策划实施一系列生物学实验或研究项目，引导学生围绕共同目标进行分工合作，共同探寻问题的答案和解决方案。这一过程不仅能深化学生对生物学知识的实际应用与理论认知，更能激发他们为达成共同目标而努力奋斗的责任感与集体荣誉感。为了进一步增强学生的领导能力和责任感，教师可以适时指定不同的学生担任小组长或项目负责人，让他们在实际操作中体验和锻炼管理团队、协调资源、指导决策等核心领导技能。这样的实践经验对于学生未来在职场或社会生活中扮演各类角色具有极其重要的价值。团队协作还为培养学生尊重多样性和包容性的意识提供了理想的平台。教师应倡导并引导学生接纳和欣赏来自不同背景的队友，学会从多元化视角出发，汲取创新思维和独特见解，从而在团队合作中实现知识、观念与文化的交融互鉴。

在中学生物学教学过程中，注重并强化团队协作与社交技能的发展对学生综合素质的全面提升意义重大。通过参与各类团队活动，学生们不仅可以深化生物学科知识的理解与掌握，更能收获宝贵的沟通技巧、领导才能、协作精神以及对多元文化的深入理解和包容态度。这些能力与素养不仅在学术道路上大有裨益，更是支撑学生在未来社会交往与职业发展道路上行稳致远的关键基石。

六、利用科技工具提升学生自主学习能力

在中学生物学教育领域，科技工具的合理运用对于提升学生的自主学习能力具有显著作用。借助现代科技提供的多元化在线资源与平台，如网络课程、视频讲解和互动模拟实验等，学生可以根据个人兴趣和学术需求，主动选择并

深入探索相关知识内容。这种自主学习模式不仅能够激发学生的学习热情，还能培养他们筛选、分析和整合信息的能力，从而提高学习效率。教师在推动学生利用科技工具进行自主学习的过程中扮演着至关重要的角色。他们需要识别和推荐高质量的科技工具及教育资源，并指导学生如何有效使用这些工具以促进学习。

通过定期对学生的学习进度进行检查和反馈，教师能够帮助学生识别在自主学习过程中可能遇到的问题，引导他们采取更有效的策略，进一步提升自主学习效果。同时，在学生利用科技工具开展自主学习的过程中，强化其信息素养与批判性思维能力。教师应教授学生如何辨别和评估网络信息的可靠性和价值，使其能够从不同来源中提炼关键信息，并将其整合到自身的知识体系中。这样不仅可以优化学生的自主学习过程，更有助于培养他们独立思考问题、解决问题的能力。

鼓励学生充分利用社交媒体和网络平台进行学术交流和讨论是提升自主学习能力的重要途径。在这些平台上，学生可以分享自己的学习心得，就生物学领域的各类议题展开探讨，这将有助于拓宽他们的知识视野，锻炼沟通技巧，同时能培养团队协作精神。在中学生物学教学实践中，科技工具对于提升学生的自主学习能力有着不可忽视的作用。在教师的有效引导和支持下，学生通过充分挖掘和利用科技资源与平台，不仅能深化对生物学概念的理解，还能够同步提升信息素养、批判性思维以及沟通和团队协作能力。因此，科技工具的应用是当前中学生物学教育改革与发展的重要方向之一。

七、提升学生参与度和动手实践能力

在中学生物学教学实践中，提高学生的参与度和动手实践能力是一项重要任务，而教育技术的应用为此提供了有力的支持。利用虚拟实验室和模拟软件可以极大地扩展学生的实践操作空间。通过这些先进的工具，学生们能够在安全的虚拟环境中亲身体验并进行实验操作，如模拟 DNA 复制、蛋白质合成等复杂的生物过程，从而直观理解抽象的生物学概念，增强对知识的理解深度。

科技手段如互动软件与在线教育平台能够有效激发学生的主动探索精神和独立思考能力。它们允许学生自主选择学习内容，进行个性化的探究和实践尝试，这种自我驱动的学习方式有助于提升学生的实际操作技能，培养他们独立分析问题和解决问题的能力。教师应充分利用各种科技工具创设丰富多样的教学情境，如运用多媒体演示、互动软件等将抽象的生物学原理转化为形象生动的教学内容。这样的教学方法能够极大提高学生的学习兴趣和课堂参与度，促使他们在更为真实和引人入胜的情境中积极投入学习。科技工具还可以有效地促进学生之间的协作学习。教师可以借助网络平台组织学生共同完成项目任务，开展在线讨论和合作实验，使学生在团队合作中锻炼沟通技巧、共享知识资源，并从中实现共同进步。这种协作式学习环境不仅有利于培养学生的团队合作能力，也有助于拓宽他们的视野，增进彼此间的交流与互动。

在中学生物学教学中，教育技术对于提高学生的参与度和实践能力起着关键作用。通过运用虚拟实验、模拟软件等科技手段提供丰富的实践机会，结合创新的教学方法与科技工具的合理运用，以及鼓励学生利用科技工具开展协作学习，可以有效提升教学效果，促进学生的全面发展。

参考文献

［1］俞如旺，赵萍萍．生物学教育科学研究方法［M］．北京：北京师范大学出版社：2021.

［2］熊应，罗璇，谢园梅主编．教育心理学［M］．长沙：湖南师范大学出版社，2019.

［3］傅渥成．能量守恒［M］．杭州：浙江出版集团数字传媒有限公司，2015.

［4］李刚．大概念课程与教学从理论到实践［M］．北京：社会科学文献出版社，2022.

［5］刘徽．大概念教学素养导向的单元整体设计［M］．北京：教育科学出版社，2022.

［6］顾明远，鲍东明．21 世纪核心素养与课程教学改革［M］．大连：辽宁师范大学出版社，2021.

［7］［美］H. 林恩·艾里克森．概念为本的课程与教学［M］．兰英，译．北京：中国轻工业出版社，2003.

［8］［英］温·哈伦．科学教育的原则和大概念［M］．韦钰，译．北京：科学普及出版社，2011.

［9］郭玉英，姚建欣，张静．整合与发展：科学课程中概念体系的建构及其学习进阶［J］．课程·教材·教法，2013（2）：44–49.

［10］毕华林．化学基本观念：内涵分析与教学建构［J］．中学化学教与学（人大复印），2014（7）：11–16.

［11］［美］格兰特·威金斯，［美］杰伊·麦克泰格．追求理解的教学设计［M］．闫寒冰，宋雪莲，赖平，译．上海：华东师范大学出版社，2017.

［12］中华人民共和国教育部．普通高中课程方案 2017 年版 2020 年修订［M］．北京：人民教育出版社，2020.

［13］赵悦，王良．大概念理念的高中化学单元复习教学研究——"以水溶液中的离子平衡"为例［J］．科技风，2024（3）：39–41.

［14］陈思．基于学科大概念的地理复习单元教学设计研究［J］．学周刊，

2024（5）：65-67.

[15] 李柱俊.基于学科大概念的小学数学单元整体教学设计——以"圆柱和圆锥"单元为例[J].中小学课堂教学研究，2024（1）：41-45+80.

[16] 王坤，谢建华，陈欣.大概念教学视角下"蛋白质工程的原理和应用"教学设计[J].生物学教学，2024，4（49）：28-32.

[17] 于佳佳，沈辉，王玉涵，等.基于不同背景选取方式四极质谱仪数据库匹配分析[J].分析试验室，2024（2）：1-8.

[18] 于东帅.大概念统领下的初中生物大单元教学设计——以"人体的呼吸"为例[J].青海教育，2023（11）：51-52.

[19] 孔祥梅.生物教学中如何培养高中生学科素养[J].学苑教育，2023（33）：73-75.

[20] 孙辉.结合生物模型构建与大概念教学提升学生学科素养的实践研究[J].求知导刊，2023（32）：11-13.

[21] 龚有金.概念性思维在初中生物学习中的应用研究[J].数理化解题研究，2023（32）：143-145.

[22] 钱林清.基于大概念的高中生物单元教学设计——以"植物生命活动的调节"为例[J].学园，2023，16（32）：51-53.

[23] 余春山.优化初中生物实验教学，提升学生学科素养[J].教育界，2023（29）：17-19.

[24] 周金成，陈维.指向深度学习的生物概念教学实施途径[J].实验教学与仪器，2023，40（10）：21-22.

[25] 陈梦娇.基于核心素养的高中生物学大概念教学实践研究[J].高考，2023（29）：99-101.

[26] 刘英波.大概念视域下高中生物单元教学设计——以"特异性免疫"为例[J].教师，2023（28）：57-59.

[27] 康锋.浅谈基于学科核心素养培养的高中生物生活化教学策略[J].天天爱科学（教学研究），2023（9）：69-71.

[28] 赵岚.初中生物教学中如何培养学生核心素养[J].读写算，2023（25）：140-142.

[29] 黄巧芳.基于核心素养的初中生物课堂教学对策分析[J].考试周刊，2023（35）：101-105.

[30] 朱小红.初中生物学科核心素养的培养策略探究[J].教育艺术，2023（8）：22.

[31] 崔芳.聚焦大概念下初中生物单元教学探究[J].华夏教师，2023

（20）：55-57.

［32］汪四海.基于核心素养的高中生物重难点概念教学策略［J］.安徽教育科研，2023（17）：32-34.

［33］徐燕秋."大概念"下的初中生物单元整体教学策略探究［J］.基础教育论坛，2023（10）：50-51.

［34］许文红.初中生物培养学生自主学习能力探究［J］.文理导航（中旬），2023（6）：64-66.

［35］潘文平，康浩.基于深度学习促使学科素养发展的教学设计——以"酶的特性"为例［J］.中小学教学研究，2023，24（3）：38-43.

［36］李瑞香.浅谈高中生物课堂概念教学的方法和策略——以生长素的生理作用为例［J］.新课程导学，2023（14）：64-67.

［37］蔡国灿.浅谈问题情境在高中生物概念教学中的应用［J］.科学周刊，2023（17）：52-54.

［38］方传新.聚焦大概念教学，培养生物学科核心素养［J］.教学管理与教育研究，2023（9）：94-96.

［39］张龙威.核心素养视域下高中生物大概念教学策略［J］.天津教育，2023（14）：76-78.

［40］于军松.大概念教学在高中生物学科教学中的实践探讨［J］.数理化解题研究，2023（9）：123-125.

［41］张命康.基于核心素养发展的中学生物概念教学设计与实践——以"表观遗传"为例［J］.教师，2023（8）：66-68.

［42］张玲.基于学科核心素养的高中生物大概念教学有效性研究［J］.教育界，2023（6）：44-46.

［43］于妮.基于项目式学习的初中生物概念教学策略研究［J］.求知导刊，2023（5）：86-88.

［44］陈建新.高中生物教学中学生核心素养培养策略探析［J］.高考，2023（6）：87-90.

［45］张旭.论证式教学策略在初中生物概念教学中的实践研究［J］.教学管理与教育研究，2023（3）：87-89.

［46］王静丽.大概念视角下的初中生物单元教学设计及实施策略——以"环境中生物的统一性"单元为例［J］.新课程评论，2023（2）：97-104.

［47］李惠新.指向学科素养评价的生物选考试题分析与教学建议［J］.浙江考试，2023（1）：44-48.

［48］卢华强.陶行知创造教育思想指导下的中学生生物核心素养养成措

施［J］.生活教育，2023（1）：84–87.

［49］马宁.关注试题情境以培养学科素养——2022年高考生物全国甲、乙卷试题评析及教学启示［J］.中学生物学，2023，39（1）：59–62.

［50］曹刘英.初中生物核心素养在教学中的融入分析［J］.知识文库，2023（1）：106–108.

［51］蒋安.核心素养视角下初中生物实验教学实践［J］.启迪与智慧（上），2023（1）：104–106.

［52］陈崇贞.探究生活情境在初中生物教学中的应用措施［J］.中学课程辅导，2022（36）：54–56.

［53］陈艳芹.基于核心素养的初中生物课后分层作业的实践研究［J］.学苑教育，2022（32）：39–41.

［54］朱瑞.初中生物大概念教学中渗透科学思维的策略研究［J］.中学课程辅导，2022（32）：117–119.

［55］王子君，彭博.基于初中生物学科素养的实施及研究［J］.科技风，2022，（31）：49–51.

［56］张巧燕.高中生物学教学中有关德育渗透的问题与对策［J］.数理化解题研究，2022（30）：143–145.

［57］曹小燕.项目式学习在高中生物教学中的实践探索［J］.教学管理与教育研究，2022，7（18）：100–101.

［58］丛美娜.提高初中生物概念教学效率的策略研究［J］.中学课程辅导，2022（27）：102–104.

［59］张军.大概念统领下的单元教学实施方略［J］.四川教育，2022（18）：24–25.

［60］朱魏.基于技术思维：生物课堂"做中学"的进阶教学［J］.中小学班主任，2022（16）：92–93.

［61］贺雨丰.思政教育融入初中生物课堂的探索［J］.黑龙江教育（教育与教学），2022（9）：60–61.

［62］杨丹.聚焦大概念的高中生物教学设计——以"细胞的物质输入和输出"单元为例［J］.学园，2022，15（23）：43–45.

［63］沈敏.基于真实情境考查生物学学科核心素养的初中生物试题命题探讨［J］.中学生物学，2022，38（8）：62–64.

［64］崔腾云，童金元.生物高考：聚焦关键能力，提升学科素养——2022年高考生物全国卷评析［J］.求学，2022（15）：68–70.

［65］周涛.核心素养下初中生物主题教学活动的构建——以"人体内废

物的排出"主题教学为例[J].启迪与智慧（上），2022（8）：14–16.

[66]张旭斌.基于核心素养背景下中学生物教学方式的探究[J].山西教育（教学），2022（7）：63–64.

[67]罗永珍.培养学科核心素养探索生物实验教学[J].山西教育（教学），2022（7）：81–82.

[68]郭信.重视生物实验设计提升生本学科素养[J].教育实践与研究（B），2022（Z1）：98–100.

[69]孟秋菊，曲桑拉姆，贾泰列，等.拓展课程内容培养学生的生物学科核心素养[J].教育实践与研究（B），2022（Z1）：113–116.

[70]吴雪莎.初中生物核心素养在教学中的渗透策略研究[J].考试周刊，2022（28）：117–120.

[71]白华，郑美芬.利用微课培养学生的生物学科核心素养——以"酵母菌和霉菌"一课为例[J].教育实践与研究（B），2022（6）：57–59.

[72]林锦锦.学科素养视域下生物高考选择题的备考探究[J].华夏教师，2022（17）：85–87.

[73]吴世銮.科幻教育在初中生物教学中的应用——以"生态系统的概述"一节为例[J].学苑教育，2022（17）：82–83+86.

[74]陈婉萍.建设生物园培养初中生学科核心素养——以南宁市第二中学初中部为例[J].新智慧，2022（16）：95–97.

[75]王文娟.核心素养下STEM教育理念在生物课堂中的构建研究[J].试题与研究，2022（15）：10–11.

[76]高泽民，把玉红.高中生物教学中落实生物学科核心素养的实践研究[J].试题与研究，2022（15）：49–50.

[77]杜丽.核心素养视域下卓越中学生物教师内涵、特征和培养体系建设研究[J].考试周刊，2022（19）：111–114.

[78]邹凤香.立足学科素养教育创新生物实验教学[J].中学课程辅导，2022（14）：42–44.

[79]蓝巧燕.大概念教学在高中生物学科教学中的应用研究[J].求知导刊，2022（13）：20–22.

[80]束欣卓，刘娴.大概念统摄下的高中生物单元教学设计策略例析——以"遗传的细胞基础"为例[J].中学生物学，2022，38（5）：18–21+24.

[81]张洋.创新作业设计，培养学生生物学科素养[J].北京教育（普教版），2022（5）：84–85.

［82］石静，许蕾．指向生命观念发展的初中生物学大概念教学研究——以"细胞是生物体结构和生命活动的基本单位"为例［J］．中小学课堂教学研究，2022（4）：54-57.

［83］吴瑜．基于核心素养的高中生物"酶"概念教学［J］．中学教学参考，2022（11）：97-99.

［84］王丹，唐元宵，徐忠东，等．核心素养背景下如何利用真实性情境进行高中生物概念教学——以"核酸是遗传信息的携带者"为例［J］．中学生物学，2022，38（4）：8-11.

［85］唐炜．基于融合的学科教学新场域创设——江苏省扬州中学教育集团树人学校课程基地建设实践［J］．江苏教育，2022（19）：62-64.

［86］张永炳．提升中学生物学教师核心素养的实践与创新［J］．新教育，2022（7）：26-28.

［87］蔡雯雯．高中生物学科素养的学生问题意识培养对策研究［J］．高考，2022（7）：102-104.

［88］柴金萍．思维导图在生物教学设计中的应用探究［J］．成才之路，2022（6）：119-122.

［89］李媛媛．基于核心素养下中学生物实验创新的探讨［J］．科幻画报，2022（2）：77-78.

［90］赵闽波．创新生物学科实践活动提升学生的学科素养——以"环球自然日"活动为例［J］．辽宁教育，2022（5）：57-59.

［91］廖平虎．优化高中生物课堂培养科学探究能力［J］．试题与研究，2022（3）：39-40.

［92］王红．初中生物教学中培养学生核心素养的方法［J］．智力，2022（2）：25-27.

［93］刘光尧．真实情境驱动下初中生物复习课教学设计——以人教版"人体生命活动的调节"为例［J］．中学生物学，2022，38（1）：40-42.

［94］吴敏燕．思维可视化视野下高中生物核心素养的培育途径［J］．安徽教育科研，2021（36）：11-12.

［95］周平．立足学科素养教育创新生物实验教学——浅析初中生物实验教学中学科核心素养的培养策略［J］．考试周刊，2021（A4）：106-108.

［96］邓坤生．重视生物实验探究提升学生学科素养［J］．当代家庭教育，2021（35）：187-188.

［97］何齐贵．例谈核心素养视野下生物高效课堂的构建［J］．高考，2021（35）：95-96.

［98］曾明．浅谈学科融合在提升生物学科素养中的应用——以棋盘法的几种应用场景为例［J］．中学生理科应试，2021（12）：49-50.

［99］李林川．生命观念在高中生物教学中的渗透［J］．新课程，2021（49）：114.

［100］余春梅，林社裕，陈艳红，等．对普通高校生物科学专业师范生生物化学课程开展"立德"教学探索［J］．生命的化学，2021，41（10）：2285-2289.

［101］林娟娟．培养初中学生自主学习能力提升生物学科素养的策略分析［J］．考试周刊，2021（92）：115-117.

［102］赖海元．试论生物教学中学生自主探究能力的培养［J］．成才之路，2021（33）：81-83.

［103］周冬芳．初中生物教学中如何培养学生核心素养［J］．文理导航（中旬），2021（11）：60-61.

［104］王建春．2021年广东省高考生物学试卷分析及教学启示［J］．中学生物教学，2021（31）：67-70.

［105］刘丹萍．浅谈情境体验视域下生物教材中DIY板块的有效利用［J］．试题与研究，2021（31）：85-86.

［106］吕慧卿．浅谈高中生物学科高效教学方法［J］．智力，2021（30）：142-144.

［107］李晓霞．基于培养学生学科素养的高中生物教学策略探析［J］．延边教育学院学报，2021，35（5）：278-280.

［108］马广娟．核心素养导向下初中生物课堂教学研究［J］．当代家庭教育，2021（30）：113-114.

［109］吴志刚．关于中学生生物核心素养重视度现状的研究及进展［J］．理科爱好者（教育教学），2021（5）：248-250+253.

［110］黄淑瑛．初中生物教学中培养学生核心素养的实践研究［J］．试题与研究，2021（28）：109-110.

［111］班昭．以概念为本培养生物学学科素养的教学实践——以"探究光合作用的过程"为例［J］．高考，2021（28）：149-150.

［112］史俊．初中生物核心素养的培养策略［J］．读写算，2021（26）：109-110.

［113］魏卓余．重视生物实验探究提升学生学科素养［J］．成才之路，2021（25）：119-121.

［114］崔少荣．基于核心素养下的初中生物教学［J］．读写算，2021（25）：

109–110.

[115] 张政. 浅析新时期构建高中生物高效课堂 [J]. 高考, 2021 (25): 111–112.

[116] 刘应菊. 核心素养指导下初中生物创新教学研究 [J]. 教育艺术, 2021 (8): 37.

[117] 戴向华. 激发高中学生自主学习意识, 全面提升生物学科素养 [J]. 求学, 2021 (31): 57–58.

[118] 陶敏. 浅析如何借助生物模型发展中学生高阶思维升华学科素养的策略——以九年级专题复习 "血液循环" 教学为例 [J]. 考试周刊, 2021 (64): 139–141.

[119] 王鹏. 初中生物教学中学生核心素养培养研究 [J]. 试题与研究, 2021 (22): 23–24.

[120] 曹冰洁. 基于 STEM 课程理念培养初中生生物学科素养路径 [J]. 文理导航 (中旬), 2021 (8): 55–56.

[121] 李艳芝. 应用 "5E" 教学模式, 落实生物学科素养 [J]. 北京教育 (普教版), 2021 (8): 97+99.

[122] 叶俊涛. 基于核心素养的初中生物教学策略及中考命题建议 [J]. 新课程, 2021 (29): 48–49.

[123] 潘汝荟. 新课改下初中生物核心素养教学策略 [J]. 读写算, 2021 (19): 5–6.

[124] 李华, 杨晓杰, 李思蒙, 等. 中学生物教学中生命观教育的现状及对策分析 [J]. 教书育人, 2021 (19): 29–31.

[125] 周培. 基于学科素养提升的生物高考复习习题讲评课策略探究 [J]. 高考, 2021 (18): 159–160.

[126] 魏育芳. 例谈中学生物学学科核心素养的培养策略 [J]. 教学管理与教育研究, 2021 (12): 84–85.

[127] 李巧玲. 核心素养下初中生物分层教学研究 [J]. 试题与研究, 2021 (17): 119–120.

[128] 杨冬爽. 基于核心素养下生物实验思维的培养策略分析 [J]. 考试周刊, 2021 (48): 133–134.

[129] 梁维鸿. 基于核心素养的初中生物生活化深度教学策略 [J]. 新教育, 2021 (17): 10–11.

[130] 杨英. 基于核心素养的初中生物高效课堂生命教育的研究 [J]. 发明与创新 (职业教育), 2021 (6): 95–96.

［131］朱小平 . 中学生物教学方法与健康理念的探索［J］. 新课程导学，2021（15）：51-52.

［132］林萍 . 核心素养指导下的初中生物教学研究［J］. 科幻画报，2021（5）：73-74.

［133］潘一亮 . 基于 STEM 课程理念培养初中生生物学科素养的探究［J］. 读写算，2021（12）：19-20.

［134］房岩，王彦轩，陈野夫等 . 基于核心素养的生物学前沿知识拓展策略［J］. 长春师范大学学报，2021，40（4）：89-92.

［135］任凤莲，周平，吴南 . 水中溶解氧的测定［J］. 广州化学，2002（1）：56-64.

［136］王秀荣 . 高中生物与大概念教学的碰撞［J］. 第二课堂，2023（12）：63.

［137］宣萱 . 基于促进学生深度学习的高中生物学概念教学策略研究［D］. 扬州大学硕士学位论文，2023.

［138］周锐 . 基于大概念的主线式情境教学研究［D］. 西南大学硕士学位论文，2023.

［139］陈玉婷 . 基于文献分析的初中生物学实验教学创新改革趋势及改进建议［D］. 上海师范大学硕士学位论文，2023.

［140］唐月娇 . 逆向设计模式下初中生物课堂生命观念培养的实践研究［D］. 上海师范大学硕士学位论文，2023.

［141］刘嘉玲 . 基于核心素养的建模教学策略在中学生物教学中的系统性应用研究［D］. 青海师范大学硕士学位论文，2023.

［142］董建军 . 全国中学生生物学联赛试题情境化特点分析与命题策略研究［D］. 华东师范大学硕士学位论文，2022.

［143］彭媛 . 基于核心素养的初高中生物教学衔接的实践研究［D］. 淮北师范大学硕士学位论文，2022.

［144］娜仁高娃 . 基于大概念理念高中生物课堂教学评价体系的研究［D］. 辽宁师范大学硕士学位论文，2022.

［145］吴怡青 . 基于核心素养的高中生物课堂提问策略的实践研究［D］. 石河子大学硕士学位论文，2022.

［146］李玉琳 . 指向生物学大概念教学的教师课堂评价素养研究［D］. 云南师范大学硕士学位论文，2022.

［147］苏晓慧 . 聚焦大概念的高中生物学教学中生命观念培养的教学实践研究［D］. 阜阳师范大学硕士学位论文，2022.

［148］郁颖欢.初中科学教科书中科学史内容的分析［D］.华东师范大学硕士学位论文，2022.

［149］王悦.基于大概念培养学生结构与功能观的教学实践研究［D］.海南师范大学硕士学位论文，2022.

［150］练敏.2016—2020江西省中学生物学教师教育科研现状分析［D］.赣南师范大学硕士学位论文，2021.

［151］赵帅.生物学学科核心素养视野下开展生命教育的实践研究［D］.江苏师范大学硕士学位论文，2021.

［152］黄芝麟.初中生物学培养学生社会责任的教学实践研究［D］.海南师范大学硕士学位论文，2021.

［153］张馨月.学科核心素养下初中生物学教学中科学思维训练的研究与实践［D］.云南师范大学硕士学位论文，2021.

［154］魏彦军.基于生物学学科核心素养的课程资源开发与应用研究［D］.西北师范大学硕士学位论文，2021.

［155］卢婷.初中生物教学中自制学具的设计与应用［D］.扬州大学硕士学位论文，2021.

［156］丁卫东.核心素养下高中生物实验教学思考［C］//中国陶行知研究会.2023年第九届中国陶行知研究座谈会论文集.靖江市第一高级中学，2023：3.

［157］李彬.探索基于核心素养的高中生物概念教学策略［C］//中国陶行知研究会.2023年第三届生活教育学术论坛论文集.甘肃省泾川县第一中学，2023：3.

［158］王羿廷.大概念视角下的初中生物单元教学策略探究［C］//中国管理科学研究院教育科学研究所.教学质量管理研究网络论坛——社会发展与管理分论坛论文集（一）.昆山市娄江实验中学，2023：3.

［159］张德惠.高中生物课堂教学的有效措施［C］//广东省教师继续教育学会.广东省教师继续教育学会教师发展论坛学术研讨会论文集（七）.福建省平和第一中学，2023：4.

［160］涂存宝.学科素养培养下高中生物教学设计探究［C］//广东省教师继续教育学会.广东省教师继续教育学会第六届教学研讨会论文集（一）.滕州市第三中学，2023：3.

［161］叶苗.关于初中生物教学中学生核心素养培养的研究［C］//中国国际科技促进会国际院士联合体工作委员会.2023年教育理论与实践科研学术研究论坛论文集（二）.黄冈实验中学，2023：4.

［162］徐中龙．新高考改革背景下如何提升高中学生的生物学科素养［C］//中国国际科技促进会国际院士联合体工作委员会．2023年教育教学国际学术论坛论文集（二）．广西南宁市东盟黄冈中学，2023：4.

［163］陈润华．基于核心素养的初中生物教学策略［C］//廊坊市应用经济学会．对接京津——新的时代基础教育论文集．云南省保山市实验中学，2022：3.

［164］梅云飞．探究生活情境在初中生物教学中的应用措施［C］//新课程研究杂志社．"双减"政策下的课程与教学改革探索论文集（二十六）．贵州省普定县化处镇化处中学，2022：2.

［165］邢伟康．核心素养视角下初中生物高效课堂的构建［C］//新课程研究杂志社．"双减"政策下的课程与教学改革探索论文集（二十三）．江苏省昆山市娄江实验中学，2022：2.

［166］刘红艳．优化高中生物课堂教学策略探讨［C］//广东省教师继续教育学会．广东省教师继续教育学会第五届教学研讨会论文集（三）．山东胶州市第二中学，2022：3.

［167］赵德生．提高课堂关注度对农村高中生生物核心素养的培养［C］//中国国际科技促进会国际院士联合体工作委员会．创新教育实践国际学术会议论文集（四）．山东省泰安市新泰市第二中学，2022：3.

［168］张蓉清．新高考改革下如何提升高中学生的生物学科素养［C］//廊坊市应用经济学会．对接京津——区域辐射基础教育论文集．西藏自治区林芝市第一中学，2022：5.

［169］董领虎．新课标下高中生物教学中学科素养的培养［C］//华教创新（北京）文化传媒有限公司．2022未来教育发展与创新教育研究高峰论坛论文集（七）．河北省霸州市第一中学，2022：6.

［170］江美荣．初中生物教学中培养学生的核心素养的方法［C］//华教创新（北京）文化传媒有限公司．2022未来教育发展与创新教育研究高峰论坛论文集（七）．武夷山市兴田中学，2022：6.

［171］苗颖．核心素养下初中生物单元整体教学设计的思考［C］//中国智慧工程研究会智能学习与创新研究工作委员会．2022教育教学与管理成都论坛论文集（一）．威海经区凤林学校，2022：5.

［172］张彬龙．中学生生物学学科素养的养成［C］//中国智慧工程研究会智能学习与创新研究工作委员会．2022教育教学与管理重庆论坛论文集．彬州市范公中学，2022：3.

［173］宋正奎．指向核心素养的初中生物"双高"课堂的建构策略漫谈

［C］∥华教创新（北京）文化传媒有限公司.中国环球文化出版社.2021传统文化与教育创新理论研讨会论文集.山东省枣庄市滕州市西岗镇西岗中学，2021：2.

［174］郑淑贞.初中生物教学中学生核心素养培养的策略分析［C］∥四川省科教创客研究会.2021年科教创新学术研讨会论文集（第三期）.福建省石狮市第三中学，2021：3.

［175］格根.指向核心素养的初中生物体验式教学策略探寻［C］∥广东省教师继续教育学会.广东省教师继续教育学会第二届全国教学研讨会论文集（二）.乌拉特中旗蒙古族学校，2023：5.

［176］梁鑫鑫.指向生命观念培育的高中生物学概念教学探究［C］∥华教创新（北京）文化传媒有限公司.中国环球文化出版社.2023教育理论与管理第二届"高效课堂和有效教学模式研究论坛"论文集（一）.珠海市广东实验中学金湾学校，2023：3.

［177］范秀娟.基于生物学科大概念的单元教学实践探索［C］∥重庆市创新教育学会.2023基础教育创新发展研讨会论文集（Ⅰ）.北京师范大学庆阳附属学校，2023：3.

［178］刘阳.运用生物学家传记培养高中学生的生物学核心素养［C］∥广东省教师继续教育学会.广东省教师继续教育学会教师发展论坛学术研讨会论文集（八）.吉林省通化县第七中学，2023：4.

［179］梁淑君.浅谈如何进行初中生物概念教学［C］∥广东省教师继续教育学会.广东省教师继续教育学会教师发展论坛学术研讨会论文集（十一）.佛山市南海区狮山实验学校，2023：3.